PULVERIZANDO MITOS

Cristianismo vs. Secularismo

HUBERT VALVERDE

Diseñadora de digitación: Marianne Hering (mariannehering.com)

ISBN: 978-0-9986603-0-1

Impreso en los Estados Unidos de América

1 2 3 4 5 6 7 / 23 22 21 20 19 18 17

Dedicado a mi familia.
Gracias por apoyarme
en el proceso de escribir este libro.

Índice

INTRODUCCIÓN

Hay personas que no disfrutan viajar en avión. A mí, personalmente, me encanta. No sé si será el ambiente de los aeropuertos, lo asombroso de la tecnología aérea o la emoción de lo desconocido, pero realmente disfruto cuando realizo un viaje.

En uno de esos vuelos, me tocó sentarme al lado de un joven. En poco tiempo comenzamos a hablar. Nos hicimos las preguntas comunes de saludo y el diálogo se hizo muy ameno.

Después de hablar un rato sobre nuestros respectivos países de una forma muy espontánea le pregunté sobre sus planes futuros. Sus respuestas denotaban optimismo y una gran determinación. Lo felicité por su deseo de obtener esas metas y le dije que lo recordaría en mis oraciones.

Súbitamente, noté cómo su semblante cambió. No fue de forma drástica, pero cambió lo suficiente denotando que esa última frase que dije sobre "recordarle en mis oraciones", no le pareció agradable.

Le pregunté:

-¿Dije algo malo?

-No. Sé que dijo esa frase con buenas intenciones y lo agradezco pero no me llevo bien con la religión.

Quienes me conocen saben que también me agrada conversar con personas de distintas cosmovisiones. Así que como se imaginará, no esperé para saber la razón por la que le molestaba la idea de la oración.

- ¿Te molesta si te pregunto porque te desagrada la idea de Dios?

Su respuesta fue amable pero clara:

-No estoy muy seguro que Dios exista pero es probable. Lo que me molesta es que haya tanta gente engañada.

-Estoy de acuerdo contigo acerca de que hay mucha gente engañada-, le dije.

El chico me miró a los ojos y me preguntó:

-¿Usted es cristiano?

Mi respuesta es la misma desde hace muchos años:

-Sí. Soy cristiano evangélico.

-Yo también lo fui-, me dijo. —Pero un día descubrí que muchas cosas del Cristianismo son un mito y por eso ya no creo en esa religión. Pero, no se ofenda, por favor. Si usted está contento con ser cristiano, siga viviendo su vida.

-No me ofende que digas eso acerca del Cristianismo, pero ahora tengo curiosidad sobre esos "mitos" de los que hablas.

El chico me respondió: -Mejor cambiemos de tema. No quisiera que lo que le diga vaya a crear alguna crisis existencial en su vida. Si usted está feliz con lo que cree no hay necesidad de "alborotar el panal".

-Pero acabas de decirme que te molesta que haya tanta gente engañada. Si yo lo estoy, ¿por qué no quieres ayudarme a que salga de ese engaño?

Algo que siempre me ha parecido peculiar es que muchas personas que tienen una cosmovisión diferente al Cristianismo, creen que han llegado a una especie de "élite" de conocimiento que los demás no tienen. Piensan que los cristianos aparentemente han dejado el cerebro en algún lado y no investigan los argumentos contra el Cristianismo. Ahora bien, debo admitir que me he encontrado con personas que profesan la fe cristiana pero viven una especie de fanatismo que no se diferencia mucho al de las sectas. Eso es muy triste, pero por lo general, la mayoría de cristianos investigan la razón de su creencia y sus convicciones. Bueno, volvamos a mi conversación con el joven.

Él me dijo amablemente:

-Lo que no deseo es que la información que le dé, cause que deje atrás todo lo bueno y los valores morales que ha aprendido en sus años de cristiano

-No te preocupes por eso.- Le aseguré de la misma forma. – Estas canas han pasado por muchas conversaciones y todavía no me han hecho olvidar los valores morales (Que por cierto, es tema de otra conversación). Bueno, dime, ¿a qué te refieres con el mito del Cristianismo?

Las siguientes páginas las he escrito para referirme a los argumentos que este joven presentó. Mi deseo es que puedas ver que todos los argumentos, aunque suenen muy creíbles o racionales se desmoronan ante un escrutinio de los hechos reales.

Además, he agregado información pertinente sobre la Biblia y la historicidad de Jesús que puede serte muy útil cuando tengas conversaciones al respecto.

Hubert Valverde

ZOROASTRISMO

"El Cristianismo no es más que un plagio de leyendas antiguas". Esa fue la frase que mi nuevo amigo de viaje utilizó para fundamentar su cosmovisión de que el Cristianismo es falso.

Sabemos que desde el siglo diecinueve después de Cristo se han escrito libros que apoyan esa frase. Y ahora en el siglo veintiuno hemos visto un auge de información basada en ese tipo de documentos con los cuales, supuestamente, se prueba tal noción.

¿Qué te parece si investigamos los argumentos más populares que se conocen al respecto?

Empecemos por la religión del Zoroastrismo.

¿Sabías que Freddy Mercury, la voz principal del grupo Queen era seguidor del Zoroastrismo? Interesante, ¿no crees? Bueno, quizás lo es hasta que nos damos cuenta que Freddy cuyo nombre real era, Farokh Bulsara, nació en la isla de Zanzibar y estudió desde los ocho años en un internado en Bombay, India. No fue hasta los diecisiete años que se muda a Inglaterra, pero sus raíces hindúes se quedaron con él por medio de la religión del Zoroastrismo.

Bueno, y ¿qué es el Zoroastrismo? Catherine Beyer, quien dice ser una experta en religiones alternativas nos dice que todo comenzó con un hombre llamado Zaratustra, que luego fue llamado Zoroastro por los griegos. Según ella, el Zoroastrismo comenzó entre los siglos 16 y 10

A.C. y que Zoroastro vivió principalmente en la parte noreste de Irán, cerca de Afganistán.[1]

Sin embargo, la Enciclopedia Británica y otras fuentes confiables no están de acuerdo con ella y muestran que nació en el año 628 A.C.[2] Si sigues investigando descubrirás que otras fuentes mencionan una fecha aún más reciente.[3]

Durante la época de Zoroastro, la religión hindú-iraní era politeísta y quizás Zoroastro, decidió usar uno de esos dioses como él principal y de allí formar una especie de religión monoteísta. Este dios es llamado Ahura Mazda, y Zoroastro lo consideraba el creador supremo. No obstante, aceptaba que había seres espirituales menores, algo así como dioses de menor nivel.[4]

Otros eruditos consideran que en realidad el Zoroastrismo se caracterizaba por ser politeísta pero los que siguen esa religión en la actualidad dicen que el monoteísmo es el verdadero reflejo de su religión.

Si alguna vez tienes la oportunidad de hablar con algún seguidor del Zoroastrismo, probablemente escucharás las palabras, Humata, Hukhta, Huvesta. Estas palabras encierran el principio ético de la religión zoroastra: Pensar en lo bueno, hablar lo bueno y actuar de buena manera.

Según ellos, solo a través de la bondad el caos se detiene y por demás la bondad de una persona es la que determina el destino final de ella después de morir.

Es importante hacer una pausa para enfatizar que esa es una diferencia crucial entre el Cristianismo y la mayoría de las religiones que existen. El Cristianismo tiene la convicción que nadie se salva por sus buenas acciones. Lo único que salva a un individuo es la gracia de Jesucristo. Las demás religiones siempre presentan un concepto de esfuerzo personal que se traduce en algún tipo de acción que pesa sobre el destino de cada ser humano.

Algo particular del Zoroastrismo tiene que ver con lo que sucede después de la muerte. Según esa religión, al morir, el alma de esa persona es juzgada. Si sus actos de bondad son suficientes, el alma vivirá "la mejor de sus existencias". Si la persona no logró suficientes actos de bondad, entonces sufrirá un tormentoso castigo. El mundo acabará algún día y entonces los muertos resucitarán. Aunque el mundo se queme, solo los malvados sufrirán. Los buenos vivirán en el paraíso y los extremadamente malos continuarán sufriendo eternamente.

Aun cuando hay discrepancias claras con la perspectiva dada por el Cristianismo sobre el destino de cada ser humano, es interesante ver que algunos factores como el destino del paraíso y el tormento eterno son similares. De allí que el joven con quien conversaba, consideraba que el Cristianismo había plagiado conceptos del Zoroastrismo, ya que esa religión fue fundada mucho antes del nacimiento de Cristo.

La pregunta obligada es ¿Tiene razón el Zoroastrismo al decir que los cristianos le robaron el concepto del monoteísmo y el destino final del ser humano de su religión?

La respuesta es no.

Aun cuando se dice que Zoroastro nació unos cinco siglos antes de Cristo y eso puede debatirse ya que su fecha es totalmente especulativa, la única fuente de información de las enseñanzas de Zoroastro es el Avesta. El Avesta es un documento cuyas copias más antiguas datan del siglo 13 D.C.

En otras palabras, lo que se supone que Zoroastro enseñó, no tiene pruebas más antiguas que trece siglos después del nacimiento de Jesucristo. No quiero decir que alguien no pueda argumentar que son copias y que había un original anterior al nacimiento de Cristo. Lo que quiero decir es que en términos de evidencia, el Zoroastrismo solo se puede apoyar en copias que datan de mucho tiempo después del nacimiento de Cristo.

¿Por qué es eso importante? Por la sencilla razón de que por muchos años, los antagonistas del Cristianismo utilizaron como argumento, que las copias más antiguas que se tenían de la Biblia eran del siglo 10 D.C y eso la hacía un material de poco fundamento. Pero después de 1947, cuando se descubrieron los rollos del Mar Muerto y gracias a la arqueología, la Biblia tiene en la actualidad manuscritos que datan del siglo 2 A.C. Más adelante hablaremos con más detalle sobre este tema.

¿Recuerdas el área donde se desarrolló el Zoroastrismo? Hay muchas probabilidades que durante la época de la cautividad de los judíos en Babilonia, el Cristianismo o en este caso el judaísmo haya sido más bien la religión que fue plagiada por el Zoroastrismo. Permíteme dar algunos ejemplos:

Se sabe que Zoroastro, de acuerdo con la tradición habló de cosas tales como la venida de un salvador y la resurrección del cuerpo, pero tal vez tomó prestados esos conceptos de los cautivos judíos que se encontraban en Babilonia. Estos conceptos se encontraban en las escrituras judías mucho antes de la cautividad.

Por ejemplo. El profeta Isaías da el concepto monoteísta de Dios y se sabe que el libro de Isaías fue escrito entre los años 740 al 680 A.C. Mucho tiempo antes de Zoroastro. ¿Y qué decir del "Shema" en Deuteronomio 6?

La venida de un Salvador ya se había profetizado en Génesis, en Números, en el libro de los Salmos, etc. Todas estas profecías se dieron con muchos años antes del supuesto nacimiento de Zoroastro.[5]

Tal vez te digan que Zoroastro nació de una virgen, pero esa información viene del Avesta, en el siglo 13 D.C. Además, según A. V Williams Jackson, profesor de idiomas indo-iraníes en la Universidad de Columbia, la madre de Zoroastro estaba casada con Pourushaspa durante la época en que tuvo a Zoroastro, así que no calza con la idea de "virgen", ¿no crees?[6]

Algunos dirán que fue bautizado en un río, pero tampoco hay referencias de ello.

Otro argumento es que fue tentado en el desierto pero la diferencia es muy vasta. Primeramente, no fueron cuarenta días, sino diez años y quien lo tentaba era un demonio y no el diablo mismo como en el caso de Jesús.

También oirás que Zoroastro empezó su ministerio a los treinta años. No obstante, la literatura que menciona eso es la literatura Pahlavi que data de muchos siglos después de Cristo y por si eso fuera poco, en la cultura iraní, se dice que los hombres por tradición, obtienen la sabiduría a esa edad. Entonces la idea de la edad de treinta años parece más bien un tinte cultural más que una indicación de su "ministerio".

Algunos dirán que Zoroastro echaba demonios como Jesús pero no hay ninguna referencia exacta de ello. Lo único similar es que no le gustaban los demonios pero no se menciona nada de expulsarlos.

De la misma manera, tal vez escucharás que alguien diga que hay documentos que revelan que Zoroastro le devolvió la vista a un ciego. Una vez más, el único documento que lo dice data del siglo 10 D.C. Así que volvemos al hecho que tal vez el Zoroastrismo plagió al Cristianismo.

Cuando alguien diga que el Zoroastrismo habla del cielo, el infierno, la resurrección, el juicio, la salvación o el apocalipsis, no se te olvide pedir que definan los conceptos ya que notarás que son totalmente diferentes a los conceptos cristianos. No olvides que aunque hay factores similares, las discrepancias en los conceptos son muy importantes.

Por ejemplo, la salvación en el Zoroastrismo se basa en obras únicamente. Algo totalmente opuesto a la perspectiva cristiana. El juicio divino se hace por medio de un comité: el dios persa Mitra y otros dos. Nada que ver con el concepto cristiano y por demás deberíamos hacer la pregunta, ¿No se supone que uno de los aspectos que los seguidores del Zoroastrismo afirman es el monoteísmo? Si es así, ¿entonces porque leemos de otros dioses?

Otro paralelismo que supuestamente el Cristianismo ha plagiado del Zoroastrismo es la idea de la eucaristía, o sea la consagración del pan y del vino en una liturgia católica. Esto es algo muy gracioso, ya que en el Zoroastrismo no existe la expiación y por lo tanto no hay necesidad de una eucaristía en esa religión. Por ende, la idea que haya un plagio es totalmente absurda.

Y por último, algunos intentan decir que la frase "El verbo se hizo carne" en realidad proviene del Zoroastrismo. No existe ninguna referencia explícita o implícita en los documentos del Zoroastrismo.[7]

Cómo puedes notar, todo son puras especulaciones.

Entonces . . . .

¿Fue Zoroastro concebido por una mujer virgen? No.

¿Se hacía llamar el "Hijo de Dios"? No

¿Creador de la Eucaristía? No

¿Murió crucificado? No

¿Resucitó? No

¿Se le consideraba un salvador? No

¿Realizaba milagros? No

¿Es un juez divino? No

Seamos realistas. Una persona que fundamenta sus especulaciones en la tradición y en un documento del siglo trece después de Cristo, debe admitir que el peso de plagio cae más en el Zoroastrismo que en el Cristianismo ya que la evidencia y las copias más antiguas de la Biblia preceden por siglos los conceptos expresados.

El párrafo que acabas de leer va a ser recurrente en la mayoría de los argumentos sobre los paralelismos que supuestamente hay entre los mitos sobre Jesús y el Cristianismo.

Observemos otro paralelismo en el próximo capítulo.

EL DIOS MITRA

Si visitas España y te gusta el arte, encontrarás un busto escultórico del dios Mitra en el Museo Arqueológico de Córdoba. El Museo Británico de Londres también tiene una estatua que muestra al dios Mitra sacrificando un toro.

La razón por la cual escribo de Mitra después del Zoroastrismo es porque este dios de los persas formó parte fundamental del Zoroastrismo.

Lo siguiente es un resumen de lo que dicen aquellos que consideran que el Cristianismo le robó conceptos a Mitra:

Mitra nació de una virgen llamada "la madre de Dios". A Mitra se le considera un mediador entre el cielo y la tierra. Era llamado "la luz del mundo" o la "verdad" entre otros títulos. Sus seguidores, después de un bautismo ritual sangriento, comían pan y bebían vino que según ellos se convertía en sangre. Aquellos que adoraban a Mitra lo hacían el día domingo y según ellos, nació el 25 de diciembre. Cuando murió fue enterrado y resucitó tres días después. Otra cosa muy interesante es que se dice que una vez que Mitra había acabado la obra que tenía que hacer en la tierra, realizó una "última cena" con sus seguidores y ascendió al cielo. Allí espera hasta el momento del "día del juicio", donde juzgará entre el bien y el mal.

Es fácil notar entonces cómo alguien puede confundirse y creer algo así considerando entonces que el Cristianismo es un fraude.

Analicemos cada uno de estos elementos, para saber, que tan ciertos son.

Primero aprendamos un poco de historia. El dios Mitra es un dios persa-iraní y como veremos, los romanos durante los siglos 4 y 5 D.C. decidieron utilizarlo como una alternativa a las religiones orientales, entre las cuales se encontraba el Cristianismo.

¿Qué tan antiguo es? En la época de Atarjerjes II (404-359 A.C.) ya había inscripciones de Mitra. En el imperio Kushan se le conocía como Mioro y era representado como una deidad solar en las monedas. Hay información por parte de Plutarco en el documento, La vida de Pompeya, donde ya se notan rastros de Mitra dentro de la cultura romana (100 A.C). Para el año 80 A.C., Statio describe en su obra, Tebais, la imagen de Mitra degollando un toro y habla de cómo el Mitraísmo se había asentado en Roma.

Según la mitología, Mitra es un dios de luz que atrae al sol por medio de caballos veloces. En la versión iraní, Mitra es un dios guerrero y por sus rasgos de divinidad, él trae lluvia y prosperidad a la gente.

Mitra era conocido como el dios que nació de una roca. Algo muy peculiar es que él nació, siendo ya adulto.

Otro aspecto que hay que enfatizar es que el Mitraísmo era una religión en la que supuestamente solo algunos podían ser parte de ella. Y aunque profesaba un concepto del universalismo, excluía rotundamente a las mujeres. Su centro de atención era la milicia y por eso se esparció fácilmente entre el ejército romano. No obstante, también apelaba a otros sectores profesionales o sociales.

Antes de entrar en detalles con los supuestos paralelismos del Mitraísmo y el Cristianismo, quisiera citar a Manfred Clauss en su libro, La secta romana de Mitra (The Roman Cult of Mithras). Este hombre realizó una investigación profunda sobre el Mitraísmo. Lo siguiente es una de sus conclusiones con respecto a las similitudes entre ambas religiones:

"Todo el debate se fundamenta mayormente en hechos que no son históricos. Decir que hay una competencia entre las dos religiones es asumir que los cristianos y los mitraistas tenían los mismos objetivos. Tal perspectiva exagera la pasión misionera (una idea netamente cristiana), con la de las otras religiones misteriosas. Ninguna de las otras religiones deseaba ser la única religión legítima del imperio romano, ya que cada una de ellas ofrecía una salvación enteramente personal e individual. La alternativa entre Mitra y Cristo es incorrecta ya que postula una situación competitiva, que a los ojos de los mitraistas simplemente no existía. . . . No podemos transponer puntos de vista y términos cristianos en otras religiones misteriosas. La mayoría de los paralelismos entre el Mitraísmo y el Cristianismo es un común denominador de todas las demás religiones misteriosas y pueden rastrear sus orígenes comunes en la cultura greco-oriental del mundo helenístico. Las similitudes no sugieren en ningún momento una influencia mutua…existen más paralelismos sustanciales a nivel ritual, particularmente la cena ritual…"[1]

La razón de citar a Clauss es porque después de hacer un estudio profundo de esa y otras religiones, él llegó a la conclusión que las supuestas similitudes no dan fundamento para hablar de un plagio. Y por demás, como lo veremos en los siguientes párrafos, si hubo plagio alguno, el peso cae sobre el Mitraísmo. Veamos:

John R. Hinnels nos dice que el mito revela que Mitra nació de una roca sólida y nació como adulto.[2]

Tal vez alguien quiera debatir que una roca es "virgen", pero creo que la mayoría de nosotros usando el sentido común y la evidencia científica podemos demostrar que una roca no puede ser "virgen" por definición.

Con respecto a los títulos que se le daban a Mitra, no existe ninguna evidencia que se le llamara "hijo de Dios". Tampoco existe ninguna evidencia de que se le haya llamado: "buen pastor", "camino, verdad y la vida", "redentor", "salvador" o "mesías".

Quizás lo más cercano que se pueda hallar con un título, es su capacidad de mediador, pero no debemos olvidar en cual sentido lo es. Mitra era un mediador entre el bien de Zoroastro y los dioses malos. Algo totalmente diferente a Jesús quien es el mediador entre Dios y los hombres debido al pecado.

También hay una referencia a la palabra "verbo" (logos) en el Mitra romano. Sin embargo esta referencia ocurre mucho después del establecimiento del Cristianismo.

Ahora vayamos al asunto de que a Mitra se le rendía culto los días domingos. Eso es cierto. Sin embargo, no existe referencia documentada que eso haya sido la norma en el Mitraísmo iraní. Es más, esa información apareció mucho después de la tradición cristiana. Franz Cumont, en su libro, The Mysteries of Mithra [Los misterios de Mitra], dice que eso era una costumbre del Mitraísmo iraní pero no presenta ninguna evidencia. Podemos entonces afirmar que si alguien le robó a alguien la tradición, con seguridad parece ser que el Mitraísmo romano lo hizo. No olvide que el Cristianismo para el segundo siglo ya se había convertido en un dolor de cabeza para el imperio romano por su crecimiento tan explosivo.

Algunos escépticos dicen que Mitra usaba el título de león, y en el Cristianismo a Jesús también se le relaciona con el león, pero indaguemos más al respecto.

En el Mitraísmo romano, el león era considerado el animal emblemático de la religión. Y como Mitra era un dios del sol, existe la asociación astrológica de Leo, que de acuerdo con los babilonios era donde se encontraba la casa del sol.

De todas formas, las referencias al sol en el Mitraísmo romano son de la época después de Cristo y si usamos la lógica, no creo que en esas civilizaciones había acuerdos sobre que animal se podía usar como "logo" de manera exclusiva. Y si la idea es tratar de ver quien tiene más "derechos" por antigüedad, la primera referencia que vemos en la Biblia del león como un símbolo aparece en Génesis 49: 9 al referirse al león como el símbolo para la tribu de Judá.

Por último, se dice que el dios Mitra tenía doce seguidores o discípulos. No existe ninguna documentación confiable que apoye esta idea. Es más, si observamos al Mitra iraní solo tenía un seguidor, Varuna y si observamos al Mitra romano, éste tenía dos, Cautes y Cautopatres.

Así que no hay ni siquiera una cercanía con la historia de Cristo y sus discípulos.

¿Recuerdas que al principio mencionamos una escultura del dios Mitra degollando un toro? Aquí está el significado:

"Mitra supuestamente nació al emerger de una roca; salió como un adulto llevando en una mano un cuchillo y en la otra una antorcha. Primero luchó con el sol y luego con un toro que supuestamente fue el primer acto de la creación. Mitra degolló al toro el cual luego se convirtió en el origen de la vida para la raza humana".[3]

En resumen:

¿Nació Mitra de una virgen? No

¿Se le llamaba "Hijo de Dios"? No

¿Se le denominaba un "salvador"? Sí, pero con una definición totalmente diferente a la de Cristo.

¿Realizaba milagros? No

¿Realizaba cenas con pan y vino? Sí, pero en ningún momento se le consideraba "el cuerpo y la sangre" de Dios, como lo enseña el Cristianismo.

¿Fue crucificado? No

¿Resucitó? No

¿Es un juez divino? No

La información sobre Mitra es muy compleja y con seguridad seguiremos viendo personas debatir sus similitudes con el Cristianismo. Sin embargo, la clave siempre está en averiguar la fecha del documento en cuestión, que en su mayoría o en su totalidad con respecto a paralelismos, se remonta a tiempos post-fundación del Cristianismo. Ese detalle simple pero monumental hace que esos documentos no sean válidos o confiables para el debate o peor aún, son una demostración más que el Mitraísmo plagió esos datos para tratar de aplacar el interés que despertó el Cristianismo en la gente de la era post cristiana en Roma y sus alrededores esperando de esa manera desviarlos por medio de los mitos del Mitraísmo.

HORUS, OSIRIS E ISIS

¿Estás listo para algo que puede ser el guion de una telenovela o de una película de ciencia ficción?

La mitología cuenta de un ser que tenía la piel verde. Sí lo sé, estás imaginando a Hulk (El hombre increíble) o a la Rana René, pero me refiero a otro ser verde que tenía una barba de esas comunes en el arte egipcio de los faraones. Este ser verde era quien mandaba sobre el mundo pero su hermano lo mató y junto con otros setenta y dos enemigos, lo metieron en un ataúd y lo lanzaron al río Nilo. La esposa de este ser de piel verde encuentra el ataúd y lo trae a Egipto nuevamente. Cuando el hermano del difunto se da cuenta que el cuerpo nuevamente está de regreso, lo corta en pedazos y los esparce por toda la nación. La esposa se convierte en un papalote y junto con su hermana logran recuperar todas las piezas menos una, la más importante para lo que planeaba hacer después. Cuando no encuentra el miembro viril, ella lo reconstruye de un pedazo de madera. Luego une las partes del cuerpo, lo vivifica y en el lugar donde los muertos están, tiene relaciones íntimas con él, de esta forma queda embarazada y concibe a un hijo que tiene cara de halcón y que años después venga el asesinato de su padre, hiriendo a su tío sin matarlo.

¿Te das cuenta? Es realmente una historia de película. No mencioné los nombres de los personajes, intencionalmente, ya que deseaba que notaras lo descabellada de la historia. Pero si lees la mitología egipcia, te darás cuenta que estaba refiriéndome a Osiris, Isis y a Horus.

Ahora analicemos los supuestos "paralelismos" y así ver si tienen un fundamento fuerte para demostrar que el Cristianismo plagió la historia.

OSIRIS

A principios del año 2015, un equipo de arqueólogos españoles e italianos en conjunto con el Ministerio de Antigüedades de Egipto, hicieron un descubrimiento especial en la necrópolis de Sheik Abd el-Qurna, al occidente de Thebes. Se cree que era una reproducción de la tumba de Osiris construida entre los años 760 y 525 A.C.

Aun cuando esta tumba había sido inicialmente descubierta por Phillippe Virey en el siglo diecinueve, no fue sino hasta ahora que se pudo realizar una excavación completa de la estructura.[1]

De acuerdo con la mitología, Osiris era considerado un dios de la agricultura.

Tenía la piel de color verde y según los historiadores era un símbolo de rejuvenecimiento, en otros momentos tenía la piel negra aludiendo a la fertilidad del río Nilo.[2] Su padre se llamaba Geb y era considerado el dios de la Tierra. Sus hermanos eran Set, Isis y Neftis.

Osiris se casa con su hermana Isis y ambos tienen un hijo llamado Horus.

Según el mito, Set, el hermano de Osiris, le tenía envidia por ser popular y tener gran poder. Por si esto fuera poco, Set se había "enamorado" de Isis, su hermana que a la vez era la esposa de Osiris. Un día, Osiris decidió viajar por el mundo para traer la civilización a su gente y para hacerlo, dejó a Isis encargada del reino en vez de Set. Eso hizo que Set se airara y prometió matar a Osiris. Con ello tomaría el trono que él consideraba suyo de todas maneras.

Set mandó a construir un baúl muy adornado. Luego realizó un banquete e invitó a varias personas, entre ellas a Osiris. Ya en la fiesta, les dijo a sus invitados que él le regalaría el baúl a aquella persona que cupiera en él. Claro que Set ya había planeado que la única persona que podía caber satisfactoriamente en el baúl, era Osiris. Una vez que Osiris entra en el baúl para probar si cabía allí, Set inmediatamente lo cierra y luego lo sella con plomo fundido y lo echa al río Nilo para que muriera allí.

Isis, al darse cuenta de lo sucedido comienza a buscarlo y lo encuentra en la ciudad de Byblos. Lo trae de nuevo a Egipto y por medio de magia, ya que Osiris había muerto, tiene relaciones íntimas con él y de esa manera queda embarazada.

Set descubre que el cuerpo inanimado de Osiris está en Egipto y lo roba para cortarlo en pedazos que esparce en todo Egipto. La odisea comienza nuevamente para Isis quien encuentra todos las partes del cuerpo de Osiris, excepto el pene.

Ra, el dios mayor, revive a Osiris pero lo hace en la tumba, dándole vida pero solo en el reino de los muertos. [3]

Es importante notar que una investigación más detallada, revela más contradicciones sobre lo sucedido a Osiris pero por ahora, nuestro énfasis tiene que ver en las supuestas similitudes que mantiene con el Cristianismo.

Las únicas áreas en las que se supone hay similitudes tiene que ver con que a Jesús y a Osiris se les llama "Hijo de Dios" y ambos tienen la potestad de juzgar las almas. Sin embargo, en ambos aspectos los contrastes son muy amplios. Por ejemplo, el término "Hijo de Dios" que utiliza Jesús en la Biblia tiene que ver con compartir la naturaleza de Dios. En otras palabras, Jesús estaba citando un título que ante los judíos denotaba que era Dios encarnado. En el caso de Osiris, solo se usa como una referencia a haber nacido de alguien considerado una deidad.

Y en lo que respecta a juzgar las almas, en el concepto egipcio, los egipcios al morir, tenían que ser ayudados mediante encantos y amuletos mientras estaban en el salón del juicio, para ver si sus buenas obras eran suficientes. Recuerde que los egipcios eran personas pragmáticas. Eso quiere decir que no se esperaba que una persona fuese perfecta sino solamente equilibrada. Se supone que el muerto tendría que exponer su caso ante Osiris para tratar de convencerlo que vivió una vida balanceada.

En el caso del Cristianismo, Jesús conoce el corazón y las verdaderas intenciones de cada ser humano, por lo tanto, él no necesita ser convencido ya que es omnisciente.

En los demás aspectos no hay ninguna cercanía entre Osiris y Jesús.

Osiris no nació de una virgen, nunca fue considerado un salvador. Nunca realizó milagros. No instituyó nada parecido a la Eucaristía, ni resucitó.

Y ya que hablamos de resurrección, debemos aclarar que la mitología señala que Osiris, fue revivido en el mundo de los muertos. Eso no es resucitar, o al menos, resucitar como Jesús lo hizo.

ISIS

Para la juventud actual, Isis no es tan conocida, pero para aquellas personas que eran niños en la época de los setentas, Isis era un personaje de la televisión. JoAnna Cameron representó a esta "diosa" egipcia por un año en la televisión estadounidense. Latinoamérica, generalmente, doblaba al español esas series y las reproducía a su audiencia televisiva.

El programa trataba de una arqueóloga que encontró un amuleto egipcio y que al ponérselo se convertía en una superhéroe que luchaba contra el mal.

Muy diferente a lo que la mitología decía de Isis, pero por lo menos, más entretenida.

En lo que respecta a la historia, ella era considerada una diosa en la religión antigua egipcia y luego en el imperio romano y griego.

Tal como lo dijimos en la sección anterior, Isis era la hermana y la esposa de Osiris. Tenía poderes mágicos y hasta la fecha es reverenciada por muchos grupos neopaganos.

Quizás el único aspecto que puede usarse para hablar de alguna conexión con el Cristianismo tiene que ver con una escultura de Isis teniendo en sus brazos a su hijo Horus.

En el siglo quinto y en adelante, existen imágenes de María teniendo a Jesús en sus brazos. De allí que la controversia se creó sobre la forma en que el paganismo de Isis se introdujo en el Cristianismo.

Ahora bien, la estatua llamada Isis lactans se supone que fue hecha unos mil novecientos años antes de Cristo. Sin embargo, aun las fuentes que tratan de equipararla con la idea del paganismo involucrado en el Cristianismo no la utilizan como parte de la evidencia ya que todavía se duda de su relación.[4]

Han aparecido cientos de estatuas similares que tampoco se usan como algo que muestra una relación por el simple hecho que la maternidad en la mayoría de culturas se representa como una madre y su hijo. Por ejemplo: Alcmene, la madre de Hércules, Alitta, Cavillaca, Coatlicue, Danae, Devaki, Ostara, Semele, etc.

No creo que la gente pueda debatir el hecho que la maternidad siempre se ha representado de esa forma.

Por otro lado, la Biblia es muy clara en no crear imágenes que sean de alguna forma veneradas o reverenciadas así que el problema es para la iglesia católica y no tanto para el Cristianismo sobre el uso de imágenes o esculturas.

La idea que Isis era virgen, no tiene ningún fundamento ya que la concepción de Horus, se realizó por medio de relaciones sexuales con un muerto (En algunos relatos se dice que Isis concibió a Horus teniendo coito con Osiris mientras estaba muerto. En otros relatos, la versión es más ridícula porque dicen que Isis no encontró el pene de Osiris, así que hizo uno de madera y así engendró a Horus).

HORUS

Esto es lo que dice la mitología a grandes rasgos:

Los jeroglíficos lo muestran como un hombre que tenía cabeza de halcón. Su nombre aparece desde el años 3,000 A.C.

En el antiguo Egipto se menciona varios dioses llamados Horus, pero el más importante es Horus, el hijo de Isis y Osiris al que se le identifica como el rey de Egipto.

Existen alrededor de nueve fuentes primordiales de las cuales se extrae toda la información que se conoce sobre Horus. No obstante, no todos revelan la misma biografía y eso hace que cualquiera que le trate de investigar encuentre contradicciones irreconciliables. Por ejemplo, en algunos documentos vemos a Horus como el hijo de Isis y Osiris. En otros casos como hermano de Isis y Osiris. Por esa razón, a veces la relación entre Set y Horus es una relación tío y sobrino y en otras una relación de hermanos.[5]

Tal como lo hemos mencionado anteriormente; Horus, al saber lo que Set le había hecho a su padre, venga su muerte venciéndolo y convirtiéndose en el dios de la tierra.

En la película Zeitgeist se dicen varias cosas con respecto a Horus que me gustaría notar ya que además de ser mentira, demuestran un deseo desmedido por tratar de probar argumentos falsos sin ningún fundamento que los respalde. Estos son algunos:

- Horus era el dios Sol de Egipto treinta siglos antes de Cristo.

Horus no era el único dios Sol, a decir verdad, Ra o Re, era considerado el dios Sol en esa época. Horus era considerado una de las formas del dios sol. Horus era el dios halcón que en una de sus formas se le traducía como el dios del cielo. Se le identificó con el horizonte y el sol naciente pero no era el único al que se le consideraba de esa forma. Por ejemplo, Atum era considerado el sol poniente.

- Horus fue vencido por Set y enviado a ultratumba.

Horus nunca fue enviado a ultratumba. Es más, Osiris su padre, era considerado el dios de los muertos mientras que Horus era considerado el dios de los vivos.

-Horus nació un 25 de diciembre.

Eso es falso. La información de más consenso entre los historiadores del mito es que nació durante el mes de Khoiak. El cual corresponde al mes de noviembre.[6]

De todas maneras, no leerás ningún documento cristiano confiable que diga que Jesús nació un 25 de diciembre, lo cual hace de este argumento, un argumento irrelevante. En otro capítulo me referiré con más detalle a este tema de la fecha del 25 de diciembre.

-El nombre de Isis era Isis-Meri.

No hay ningún documento que verifique eso. Al contrario, su nombre griego era Isis. Su nombre egipcio se podía traducir como trono o silla. Si observas uno de los jeroglíficos que la representan notará la figura de un trono.[7]

-Cuando nació Horus había una gran estrella en el Oriente.

No hay ninguna evidencia de tal cosa.

-Tres reyes localizaron donde había nacido Horus y le dieron el título de salvador recién nacido.

Ninguna evidencia de eso, pero debemos aclarar que la Biblia no menciona la palabra reyes en lo que respecta a los sabios que fueron a ver a Jesús después de que nació. Tampoco dice que eran tres, no sabemos cuántos fueron y existen eruditos que piensan que fueron más de tres.[8]

-A los 12 años era un maestro prodigio.

La única que podía saber eso era su madre Isis, ya que la mitología dice que su madre lo tenía escondido hasta que estuviera listo para gobernar Egipto.

-A los treinta años fue bautizado.

No hay ningún documento confiable que hable de ello.

-Horus tenía doce discípulos con quienes viajaba.

Tampoco hay nada que hable de eso. Lo más cercano podría ser que cuando él fue el rey de Egipto, tuvo súbditos, pero no eran doce.

-Entre los títulos de Horus se encontraban la verdad, la luz, el ungido de Dios, el cordero de Dios, el buen pastor, etc.

Falso, otra vez.

Los únicos títulos de Horus fueron: Horus el niño, Horus el que está sobre los cocodrilos, Horus, dios del cielo, dios del oriente, pero ninguno de los que Jesús usó.[9]

- Horus fue crucificado, enterrado por tres días y luego resucitó.

Totalmente falso. Tyfon que también se le conoce como Set, era su rival. Durante su batalla con él, uno de sus ojos se lesiona pero nunca fue crucificado y por ende no tuvo que resucitar.

Para concluir una de las evidencias que se utiliza en la película y en otras fuentes en línea tiene que ver con la Inscripción de Luxor. Es una especie de mural que a primera vista parece mostrar una relación entre la mitología de Egipto y el Cristianismo. El historiador y escéptico, Richard Carrier destruye el argumento mostrando que no hay similitud entre ambas cosmovisiones.[10]

Creo que esto es suficiente para ver la gran debilidad con la que algunos intentan utilizar un mito para tratar de afectar al Cristianismo.

Pero una y otra vez, el Cristianismo se mantiene, mientras las demás cosmovisiones se desmoronan.

4

KRISHNA

¿Recuerdas aquellos grupos de jóvenes que andaban por los aeropuertos con batas blancas o anaranjadas y cantando un mantra mientras regalaban panfletos sobre su religión? Si eres mayor de cuarenta años tal vez los recuerdes. En la actualidad no se ven muy frecuentemente. Pienso que debido a la seguridad que se ha incrementado en los aeropuertos, a partir del ataque del once de septiembre del 2001, es que no se les permite a grupos de personas estar en un aeropuerto, a menos que trabajen allí o vayan a viajar.

Estos jóvenes en su mayoría pertenecen a la Sociedad Internacional para la Conciencia de Krishna o como se conoce más popularmente, el movimiento Hare Krishna.

La pregunta que debemos hacernos entonces es, ¿quién era Krishna?

De acuerdo con uno de sus sitios oficiales, Krishna significa "El Supremo Atractivo y como Dios tiene esta cualidad, entonces a Dios se le llama Krishna".[1]

Según los adherentes de esta religión, el propósito del movimiento es que entendamos que "Todos estamos íntimamente relacionados con Él, porque Él es nuestro padre original. Pero hemos olvidado esta relación. Cuando nos interesamos por saber: ¿Cuál es mi relación con Dios?, ¿Cuál es la meta de la vida? En ese momento empezamos a ser conscientes de Krishna".[2]

Y para desarrollar esa conciencia debemos comenzar el proceso mediante el Maha-mantra y leer las escrituras védicas de la India, principalmente el Bhagavad gita.[3]

Si eso es así de simple, ¿cuál es la diferencia entre el Cristianismo y el movimiento Hare Krishna? La diferencia es gigantesca pero como el tema de este libro tiene que ver con los paralelismos entre Jesús y Krishna, nos concentraremos solo en ese aspecto. Cualquier libro de apologética que tenga una sección sobre esa religión, será suficiente para ayudarte a ver las diferencias irreconciliables entre ambas cosmovisiones.

¿Krishna nació de una virgen? La respuesta lógica es no. Uno de los textos sagrados del hinduismo dice lo siguiente: "Tú has nacido de la divina Devaki y Vasuveda para la protección de Brahma en la tierra".[4] Y en las enciclopedias encontramos que Krishna fue el octavo hijo de Devaki. Una vez más vemos la contradicción sobre la idea de una mujer que es llamada virgen aunque haya tenido relaciones sexuales e hijos antes de que nazca el "elegido". Quizá lo más cercano a una referencia similar a Jesús tiene que ver con que la literatura hindú dice que Krishna fue concebido milagrosamente. Aquí el problema yace para el hinduismo ya que la profecía de Isaías sobre la concepción milagrosa de Jesús ocurrió aproximadamente 700 A.C y el supuesto nacimiento de Krishna ocurrió aproximadamente en el siglo 6 A.C.

Por si esto fuese poco, no debemos olvidar que se ha demostrado que los textos hindúes han sido alterados y cosas se han agregado con el paso de los siglos. Se han hecho comparaciones entre los textos más nuevos y más antiguos que revelan muchos cambios. Entre ellos, los Puranas (400-1000 D.C.), Bhagavata (400-1000 D.C.), y los Harivamsa, (100-1000 D.C.). Los eruditos han probado que todos estos textos fueron escritos muchos años después del nacimiento de Cristo.[5]

Personas que tratan de defender la teoría que la Bhagavata Purana fue escrita 3 siglos antes de Cristo, lo hacen apoyándose en que el escrito menciona el río Saravasti varias veces y se cree que este río se secó veinte siglos antes de Cristo. La respuesta del sitio web, The Devine Evidence, me parece muy clara:

"Ese es un argumento muy débil ya que el hecho que mencione ese río no prueba nada. Imagínese que yo escribiera una novela que se centra en los jardines colgantes de Babilonia. ¿Significa eso que la novela fue escrita en esa época? Por supuesto que no. Lo único que demuestra es que tenía un conocimiento histórico solamente. Además, no hay ningún registro de que estos textos existieran antes del primer siglo después de Cristo. Ciertamente había textos hindúes antiguos en circulación en esa época pero todos los documentos que se refieren a los muchos detalles de la vida de Krishna no se incluyen en esos textos. Y por último, el lenguaje y la gramática de la Bhagavata Purana, no mantiene consistencia con los lenguajes más antiguos de la India.[6]

¿El padre terrenal de Krishna era carpintero? No hay ningún registro que Vasuveda lo haya sido. Tampoco que una estrella haya señalado a Krishna durante su nacimiento. Ni que haya sido ungido por una mujer a la que había sanado. Krishna no se transfiguró en frente de sus seguidores. Krishna no fue crucificado ni tampoco murió cuando era joven, por el contrario, la tradición dice que Krishna murió cuando tenía ciento veinticinco años. No resucitó de la muerte. Nunca se refirió a sí mismo como el Salvador que vino a morir para salvar a los hombres.

Ahora analicemos algunas supuestas similitudes. Primero se dice que los pastores fueron a ver a Krishna cuando nació. Ciertamente unos ganaderos fueron a verle. Eran cuidadores de vacas ya que la familia de Krishna trabajaba en el negocio de los productos lácteos. Algo diferente a pastores de oveja que no eran familiares de Jesús, ¿no cree?

Segundo. Se dice que un tirano mandó a matar a miles de niños cuando supo que Krishna iba a nacer. Según la tradición, Kansa el hermano de Devaki oyó una voz del cielo que le dijo que el octavo hijo de Devaki lo mataría, así que encerró a Devaki y a Vasuveda en una prisión para que cuando naciera Krishna, él pudiera matarlo. Mediante la intervención divina, Krishna es escondido y sacado de la prisión. Cuando Kansa se da cuenta que Krishna nació, manda a su ejército para que lo busquen y lo maten. En el proceso, matan a varios bebés. Hay una pequeña similitud a primera vista. Sin embargo, lo que aquellas personas que buscan atacar el Cristianismo no dicen es que la versión más antigua que habla de esta historia fue escrita probablemente entre los siglos 4 y 6 después de Cristo. Algunos han tratado de decir que fue escrita en el siglo segundo después de Cristo pero de todas maneras, para ese momento, los evangelios ya habían sido escritos.

Tercero. Existen imágenes o "retratos" de Krishna que muestran a Krishna en una cruz con hoyos en sus pies. Nuevamente. Esas imágenes fueron creadas en épocas después de Cristo.

Para concluir, es importante notar que varios de los argumentos en favor de un plagio por parte de Jesús se originaron con Louis Jacolliot, un francés que vivió en India en el siglo diecinueve. No se ha encontrado ninguna evidencia que apoye sus declaraciones y hasta lo que sé, no existen seguidores del movimiento Krishna que profesen las opiniones de Jacolliot.

La evidencia sigue reforzando el hecho que las otras religiones han utilizado aspectos del Cristianismo para mostrar similitudes entre Cristo y los "dioses" de sus religiones. Pero siguen sin poder mostrar evidencia que las sustente.

TAMUZ (DUMUZI)

Si alguna vez has leído el libro de Ezequiel en la Biblia, seguramente leíste el siguiente versículo:

"Y me llevó a la puerta de entrada del templo del Señor, que da hacia el norte. Allí estaban sentadas unas mujeres, llorando por el dios Tamuz." Ezequiel 8:14 (Versión Dios habla hoy)

Es muy fácil entonces que los que se oponen al Cristianismo, utilicen este pasaje para mostrar así que en el Antiguo Testamento, ya se hablaba de ese dios sumerio y que eso es prueba que los seguidores de Jesús plagiaran información que luego asociarían con Jesús.

Ciertamente, la Biblia menciona este personaje de los sumerios pero también menciona a Baal, a Asera, Astoret, Castor y Polux, Quemós, etc. ¿Quiere decir esto que el Cristianismo les robó a estas deidades paganas y usó paralelismos en su religión? Por supuesto que no. Al contrario. Eso muestra que la Biblia no es un libro de historias inventadas sino que menciona situaciones y culturas en la época cuando se fue escribiendo.

Veamos que dice la historia acerca de Tamuz.

Los akadianos le daban el nombre de Tamuz a Dumuzi, quien era una de las deidades de los sumerios unos tres mil quinientos años antes de Cristo. Se le consideraba un símbolo de fertilidad y vegetación.

A Dumuzi (Tamuz) se le consideraba joven. Hay algunos relatos donde aparenta ser un joven en edad para casarse; en otros se le menciona simplemente como un niño. Según la mitología las mujeres que lo rodean lo querían mucho (su madre, su hermana y luego su joven esposa). Algunos han sugerido que la religión de Dumuzi era predominantemente de mujeres pero no se puede asegurar. Se dice que se casó; que luego fue perseguido y asesinado.

Dumuzi se menciona en varias leyendas de distintas formas:

Dumuzi como Amaushumgalana- La fuente de los racimos. Se refiere a esa fecha cuando las palmeras brotan. Este aspecto de la secta se centraba en la ciudad de Uruk. En esta secta el énfasis está en la felicidad, principalmente el rito de la unión matrimonial.

Dumuzi como el pastor- El que produce simiente saludable. Aquí se refiere a pastor de corderos. También habla de su matrimonio pero agrega el aspecto de las lamentaciones. Murió en manos de unos bandidos que lo atacaron para robarle el ganado.

Dumuzi de la cerveza- Geshtinanna busca a su hermano quien se prepara para un festival. Según uno de los textos antiguos, la sangre de Dumuzi se había convertido en cerveza y de alguna forma (que no se explica), esta cerveza lo reviviría.

Damu el niño- Según los relatos mitológicos, Dumuzi era un niño que había logrado escapar de quien lo cuidaba y fue a buscar a su madre. Su cuidadora era un árbol y su madre una diosa del cedro. Cuando encuentran al niño, él está en un río y por eso representa el origen de cómo las plantas y los árboles florecen en la primavera.

Damu el conscripto- Aquí la leyenda de Dumuzi cambia para apelar a la clase social más baja. En este caso, Dumuzi, quien es el único sostén para su familia está reclutado en un ejército, pero cuando trata de escapar los otros soldados lo atrapan y lo matan.[1]

Otro aspecto que los oponentes al Cristianismo han tratado de utilizar es la supuesta resurrección de Tamuz (Dumuzi). Uno de los proponentes, Samuel Noé Kramer ha cambiado su posición tres veces: Antes de 1950, él creía que Dumuzi había sido liberado de la muerte. Pero cinco años después creía que Tamúz era considerado solamente una deidad de la muerte. Y desde 1966, comenzó a utilizar la frase "muerte y resurrección" cuando se refería a Tamuz.

Según los opositores al Cristianismo hay pruebas de esta similitud en la famosa leyenda llamada, El descenso de Istar. En unos párrafos más adelante me referiré a ella. No obstante, podemos estar seguros que esa interpretación no es muy probable. No existe ninguna conexión entre ese "descenso" de Istar y Tamuz en lo que se refiere a una resurrección. Lo que se menciona allí tiene más que ver con un rito funeral. En otras palabras, Istar ve a Tamuz como un cadáver simplemente. Cuando leemos la versión akadiana, vemos claramente que Tamuz está muerto y continúa así. Nota que en la leyenda, La épica de Gilgames, el héroe insulta y se burla de Istar recordándole que todos sus antiguos amantes, incluyendo Tamúz, murieron como resultado de su relación con ella. También en la versión sumeria de Istar, El descenso de Inana al mundo de los muertos, y en el texto, La muerte de Dumuzi, se aclara que la diosa no descendió al lugar de los muertos a rescatar a su amado. Al contrario, su relación con él, lo llevó a la muerte.[2]

Los que atacan el Cristianismo intentan utilizar ese aspecto sobre Tamuz para referirse a una similitud entre Jesús y él pero como ves, no tiene ningún fundamento sólido. Por si eso fuera poco, Tamúz no nació de ninguna virgen, no fue considerado un salvador, no realizó milagros, no fue crucificado ni tampoco es un juez divino. En resumen, es otro mito pagano, y no hay ninguna base firme para considerar que el Cristianismo haya plagiado nada de esa religión.

Tal como lo mencioné en un párrafo anterior, deseo dedicar unos renglones a hablar de Istar, o Inana como la llamaban los sumerios. No solo por la breve "conexión" entre Istar y Tamuz sino porque Richard Carrier, uno ateo prominente mencionó en el año 2003 lo siguiente: "El único caso que conozco de un dios anterior a la era cristiana que fue crucificado y resucitó es la diosa Inana(también conocida como Istar). Tablas cuneiformes del año 1500 A.C. registran que esta diosa sumeria fue crucificada, resucitó y escapó del mundo de ultratumba".[3] Y luego en su libro, ¿Quién quiere comprar un crucificado? dijo: "Mi

punto no es que los cristianos hubiesen tomado la idea de un dios crucificado de la secta de Inana. Tal vez hubo alguna influencia directa o indirecta de ello que no podemos descifrar todavía. No podemos desechar
la idea que la adoración a un crucificado ocurría antes del Cristianismo
y que pudo haber entrado en la sociedad judía de Palestina. Pero no
tenemos más fundamentos que esa suposición...mi punto es que tenemos aquí, un claro ejemplo de muchas personas adorando a un dios
crucificado. Por lo tanto, a modo de principio... parece que la gente
tendería a adorar a un dios falso crucificado".[4]

Puedes buscar información sobre Inana o Istar en la Internet. Ahora
solo deseo concentrarme en el aspecto que Richard Carrier menciona
sobre Istar y su "crucifixión".

Primeramente, no existe ninguna documentación o fuente antigua
que diga eso. Leamos el resumen que la Enciclopedia de la Religión
escribe acerca de la leyenda, El descenso de Inana:

"Inana, la reina del cielo, intentaba extender su poder en ultratumba,
el cual era gobernado por su hermana, Ereshkigal. Al igual que sucede en
el texto akadiano, Inana desciende a través de siete puertas, en cada una
se quita una prenda. Cuando llega a la séptima puerta, ella se encuentra desnuda y sin ningún poder. Allí ella es asesinada y su cuerpo es
colgado en un gancho. Debido a una estratagema planeada desde antes
de su descenso, ella es revivida, pero no puede volver a la tierra de los
vivos si no encuentra un sustituto. Ella subiría junto con un ejército de
demonios que la llevarían de regreso si no encuentra quien la sustituya.
Después de dos intentos, logra llegar hasta Dumuzi, el rey y pastor de
ovejas, que pareciera disfrutar lo que le ha sucedido a Inana. Ella envía
los demonios a que lo atrapen. Y aunque logra escapar algunas veces,
finalmente estos lo asesinan y él toma el lugar de Inana en ultratumba".[5]
¿Te das cuenta? No hay ninguna relación entre ser colgado en un gancho como los que se usan cuando se cuelga carne en una carnicería y la
crucifixión de Cristo. Además, según la leyenda, ella ya estaba muerta.
Jesucristo no lo estaba mientras estaba en la cruz.

A finales del siglo veinte varios autores trataron de cambiar el término "colgada en un gancho" a "colgada en una estaca" o "colgada en un clavo", pero las mejores traducciones siempre traducen el texto como "colgada en un gancho".

No podemos olvidar tampoco el contexto de estas leyendas. Recordemos que la importancia de esta leyenda "yace en la relación amorosa de Inana(Istar) con Dumuzi (Tamuz). Tamuz representa el ciclo vegetal que muere y se regenera. Inana representa la fuerza generadora de la naturaleza. Durante su coito ella fecunda el ciclo de crecimiento de la primavera".[6]

La conclusión es clara. No hay tal "Inana crucificada" ni tampoco fue adorada de esa manera por los sumerios. Al contrario, a ella se le adora como diosa del amor, la sexualidad, la fertilidad y como la diosa de la guerra.

Puedes notar una vez más como los ateos y oponentes del Cristianismo tergiversan las leyendas o los mitos para poder buscar un punto de contención. No obstante, un análisis más profundo, siempre demuestra la debilidad de sus argumentos.

6

ADONIS

Es muy probable que alguna vez hayas escuchado la frase: "Ese hombre es un Adonis", dando a entender con eso que se trata de un hombre muy guapo. Sin embargo, la mitología no lo asocia con un hombre sino más bien con un bebé muy hermoso, (pero claro está, en el amor y la mitología todo se vale).

Leamos un breve resumen sobre este personaje mitológico griego.

Se dice que Adonis era un símbolo griego de la temporalidad de la vida vegetal, su muerte durante el invierno y su renovación durante la primavera. Existen dos relatos principales del mito. El relato paniasiático y el relato más popular que es el relato Ovidio.

No existe consenso con respecto a quienes fueron los padres de Adonis.

Algunos dicen que fue Biblos. Otros que Esmirna fue la madre y Ciniras o Tías el padre. Apolodoro, un historiador griego del siglo dos antes de Cristo escribió que era hijo de Ciniras y Metarme. Y Hesíodo, el poeta creía que Adonis era hijo de Fénix y Alfesibea. Bastante confuso, ¿no lo crees?

De acuerdo con el relato paniasiático hubo una pelea entre dos diosas, Afrodita y Perséfone, por el bebé Adonis. Según la historia, Esmirna, quien era hija de Ciniras, engaña a su propio padre para tener relaciones con él, debido a esto, Ciniras se enoja y la castiga convirtiéndola en un árbol de mirra. Y de allí nace Adonis. Cuando Zeus se da cuenta de lo que está ocurriendo con Afrodita y Perséfone, él realiza un decreto donde envía a Adonis a que pase parte del año en el mundo exterior con Afrodita y parte del año en ultratumba con Perséfone. Hay que aclarar aquí que ese ámbito dual de existencia no sugiere un tipo de muerte y nuevo nacimiento. Por demás en este relato, no se habla de la muerte de Adonis.

En el segundo relato, el relato Ovidio, Adonis muere en un cultivo de lechugas. Lo asesina Ares, el dios olímpico de la guerra que se disfraza de jabalí. Afrodita conmemora su muerte en una flor que aparentemente mantiene el recuerdo. De todas formas, no se sugiere en ningún momento que Adonis resucite en ese relato.

Existe un relato que apareció supuestamente en el siglo dos después de Cristo donde Luciano en su obra, Diosa de Siria, menciona que durante el tercer día de un ritual, una estatua de Adonis es "expuesta a la luz" y se habla de ella como si "estuviese viva". Aquí enfatizamos dos argumentos que afectan el relato. Primero, se supone que la historia se escribió en el segundo siglo después de Cristo. Para esa época, el testimonio de la resurrección de Jesús ya era bien conocido en el mundo antiguo lo cual indica que es probable que la asociación con la frase tercer día y respectiva "animación", sea más bien tomado del Cristianismo y no viceversa. Segundo, los historiadores han mostrado que en las actividades sectarias mediterráneas era una suposición común sobre la representación de las esculturas.[1]

Por último, algunas personas citan los "Jardines de Adonis". Estos proverbios solo son ilustraciones de lo temporal que es la vida pero no contienen ningún indicio sobre la resurrección.[2]

En conclusión, no se puede decir que el hecho que Adonis haya nacido de un árbol, eso pueda asociarse con el nacimiento virginal de la Biblia. Tampoco se puede hablar de resurrección por lo dicho anteriormente. Otro mito más que desvanece a la luz de la evidencia.

BUDA

¿Quién no ha pasado por algún lugar donde hay una estatua de un "buda con sobrepeso" e inmediatamente desee "frotarle la panza"?

Bueno, primero que todo hay que aclarar que esas estatuas en realidad no son de "Buda", sino de Hotei o también se le llamaba Bu-Dai. Es probable que de allí venga la confusión. En fin, esa estatua es un personaje chino que se supone se convirtió en una deidad que trae felicidad y abundancia.

Entonces, como vemos, no tiene nada que ver con Siddhartha Gautama, quien es el personaje conocido como "Buda". Entonces, ¿quién era Siddhartha Gautama?

Los historiadores nos dicen que él vivió entre los años 563 y 483 antes de Cristo en lo que ahora se conoce como Nepal. Sus padres eran el rey de Shakyas y Maya. Según la historia, su padre le había ordenado que viviera una vida de aislamiento pero un día Siddhartha se aventura por el mundo y allí se ve confrontado con la realidad que la vida está llena de sufrimientos. El día siguiente, a la edad de veintinueve años deja su reino y abandona a su hijo recién nacido para vivir una vida ascética donde toma la determinación de buscar la forma de aliviar el sufrimiento universal.[1] Pero algo que debemos enfatizar es que él nunca dijo que era un dios o un mensajero de un dios. Por lo que he investigado, la única biografía definitiva sobre Buda fue escrita por un filósofo y poeta hindú llamado Asvaghosa en el primer siglo después de Cristo.

Aun cuando algunos tratan de decir que Buda fue parte de una concepción virginal, Asvaghosa escribió en su biografía que ambos saborearon "los deleites del amor".[2] Eso indica que el concepto de un nacimiento virginal está fuera de conversación. Por otro lado, el mismo texto indica que Maya, la mamá de Buda no tuvo ningún dolor durante el parto. No creo que María haya pasado por lo mismo.

Todo lo demás que leeremos acerca de una supuesta similitud entre Buda y Jesús se apoya en un escritor holandés del siglo diecinueve llamado Ernest DeBunsen. Su libro se titulaba, El ángel-mesías de los budistas, los esenos y los cristianos. En ese libro publicado en 1880, DeBunsen escribe cuando los judíos regresan del cautiverio babilónico, ellos no solo transportaban raras especies del oriente sino también un concepto revolucionario. Según DeBunsen, los esenos adoptaron el concepto del ángel-mesías durante el siglo primero y se lo aplicaron a Jesús. Sin embargo, Jesús, de acuerdo con DeBunsen, rechazó a los esenos e intentó esconder el hecho que él era el Mesías.

Gracias a los descubrimientos de los Rollos del Mar Muerto en 1947, toda la teoría de De Bunsen se desmoronó ya que los esenos mismos eran los que mantuvieron los rollos y en ninguno de ellos se habla de un "angel-mesías".

Las siguientes son algunas de los argumentos de DeBunsen con su respectiva refutación:

Buda nació un 25 de diciembre. Como ya lo hemos mencionado en capítulos anteriores, Jesús no nació un 25 de diciembre lo cual hace la comparación algo irrelevante.

Buda y Jesús fueron bautizados en presencia del "espíritu" de Dios. Según DeBunsen Buda fue "bautizado con fuego" cuando una llama de luz descendió sobre él. Note que DeBunsen no menciona documentos budistas antiguos para apoyar su posición sino cuatro obras de literatura de su propia época y en ningún momento se menciona la palabra "espíritu".

Buda y Jesús le dicen al diablo "Aléjate de mí". Según la biografía, Buda habla con Mara, el dios de la muerte y por un largo rato discuten. Buda entonces amenaza a Mara y éste se va sin que Buda le haya dicho que se fuera. No hay ninguna similitud en este supuesto encuentro.[3]

Cuando Buda nació, sabios del oriente lo vieron al nacer y ángeles cantaban canciones celestiales. Primero que todo no hay ningún documento que apoye el hecho que los ángeles cantaban durante el nacimiento de Buda. Y con respecto a los sabios del oriente, la biografía dice que el rey invitó a ciento ocho brahmins al palacio para celebrar el nacimiento de Buda. No obstante, en la Biblia se muestra que los sabios del oriente vinieron a ver a Jesús mucho después que éste nació. Jesús ya estaba de regreso en su casa en Nazaret y por eso se puede afirmar que no fue durante el día de su nacimiento.

Buda abolió la idolatría. Al contrario. El budismo promueve la idolatría.

Buda murió en una cruz. Eso es totalmente falso. Según la biografía y otros documentos, Buda muere a los ochenta años envenenado o por una enfermedad.[4]

Buda resucitó. Otra falsedad. Buda fue cremado.[5]

Existen más supuestas "similitudes" pero al igual que las que acabo de mencionar no tienen ningún apoyo histórico real.

Con respecto a los documentos budistas debemos reiterar que aun cuando Siddhartha Gautama (Buda) vivió cinco siglos antes de Cristo, sus enseñanzas se trasmitieron vía oral únicamente. Lo que se conoce como la evidencia escrita más antigua de las enseñanzas budistas son sesenta fragmentos tallados en madera. Los manuscritos Diamond,[6] un documento antiguo importante del budismo del año 868 después de Cristo, más de mil años después que Gautama viviera.

Ya que estos textos estaban tan distanciados de las enseñanzas de Buda y como el Cristianismo ya se había distribuido ampliamente en todo el medio oriente durante los primeros dos siglos, sería irresponsable desde el punto de vista de erudición decir que el Cristianismo plagió abiertamente los escritos budistas. Además, las escrituras cristianas fueron escritas por testigos oculares entre 30 y 70 años después de que Jesús vivió. Decir que las enseñanzas de Jesús se corrompieron debido a una gran cantidad de influencias externas es ilógico. Especialmente cuando consideramos que los reportes sobre Cristo fueron registrados por los mismos testigos oculares o personas que entrevistaron y escribieron el testimonio de los testigos oculares.[7]

ZEUS

¿Qué harías si tuvieses un trueno en la mano? Tendrías que preguntarle al mítico Zeus.

Este personaje ha cautivado la imaginación de muchos niños por varias décadas. Las revistas de caricaturas lo muestran como un hombre barbudo con cara de pocos amigos.

¿Qué dice la historia acerca de Zeus? Según la página electrónica greekmythology.com, Zeus era el dios del cielo y el gobernador de los dioses olímpicos. Después de derrocar a su padre, Cronos, participó en una rifa con sus hermanos, Poseidón y Hades para ver quien se quedaba con el puesto de su padre. Él ganó y se convirtió en el gobernador supremo de los dioses. Su arma era un trueno que lanzaba a aquellos que lo hacían enojar o lo desafiaban.[1] Se casó con Hera pero parece que su poderío le hacía pensar que era todo un "Don Juan" ya que no conocía el concepto de la fidelidad.

Entre sus características se encontraba la capacidad de presidir el universo y la tierra. Los griegos lo consideraban el dios de los fenómenos naturales en el cielo, las leyes de la naturaleza, y el padre de los dioses y los seres humanos.

Con respecto a los paralelismos entre Jesús y Zeus solo hay dos que merecen explicarse.

El primero dice que Zeus era el dios más grande del Olimpo y Cristo es la cabeza de la iglesia. Un argumento muy débil por dos razones. El Cristianismo es monoteísta no politeísta. Para el Cristianismo no hay más dioses. Solo uno. Por demás, si hubiese alguna comparación, tendría que ser con Dios el Padre y tampoco calza la similitud. Zeus, destronó a su padre. Jesús no haría eso. Zeus usaba su poder para venganza. Jesús no tiene que vengarse. La Biblia aclara que el mismo ser humano se condena por no aceptar la salvación de Cristo (Juan 3: 17-18). Zeus era mujeriego. Jesús nunca se casó pero además no considera la infidelidad una virtud.

El segundo argumento tiene que ver con los mitos cretenses o como se le conoce popularmente, los mitos de Creta. A diferencia de la mitología griega, algunos oponentes al Cristianismo han dicho que los cretenses decían que Zeus murió pero cada año vuelve a nacer y lo asocian con el dios cretense de la vegetación que murió en la época de otoño y volvió a nacer en la primavera.

No hay que ser muy listo para darse cuenta que el concepto de la muerte en otoño y nacimiento en la primavera es un concepto común usado para ilustrar la muerte y el nacimiento de la vegetación. Eso no es nada nuevo. Lo que sí es de enfatizar es que no existe ningún documento que apoye la idea de la muerte y resurrección de Zeus en la mitología creta. Al menos, hasta ahora.[2]

No debemos olvidar que la gente que trata de atacar al Cristianismo con esto de los paralelismos solo mencionan documentos escritos después de Cristo o mencionan otros que son totalmente ficticios.

LOS HIJOS DE ZEUS

Tal como leímos en el capítulo anterior, de acuerdo con la mitología griega, Zeus era un "Don Juan". Por lo tanto, tuvo muchos hijos pero en este capítulo solo me enfocaré en dos de ellos. La base de la similitud con Jesús es que a todos ellos se les llamaba "hijos de dios", lo cual es cierto si se considera la mitología una literatura verídica ya que todos eran hijos de Zeus y Zeus era un dios mitológico. Aparte de eso, ningún otro paralelismo existe. Los dos siguientes los presento como ejemplo de ello:

HÉRCULES (HERACLES)

Según la leyenda, Zeus se disfrazó como el rey de Troezen, así tuvo relaciones sexuales con la esposa del rey, Alcmene, y la dejó embarazada. De esa relación nació Hércules. Queda claro con ello que no hubo ninguna concepción virginal.[1]

Con respecto a la idea de ser el salvador del mundo, todos sabemos que su leyenda habla de vencer a los malos y rescatar a los buenos, pero no existe ninguna evidencia que muestre que salvó a alguien de sus pecados.

Y sobre alguna resurrección no hay nada que hable de ello. Lo más cercano a ello es la historia que dice que Nexus hizo que Dayanara le diera algo a Hércules para envenenarlo pero el mito aclara que los dioses intervienen dándole vida eterna al ascender al Monte Olimpo.[2]

PERSEO

Otro de los hijos de Zeus que comenzó su vida con el pie izquierdo. Según la leyenda, un rey llamado Acrisio tenía una hija llamada Danae. Cuando Acrisio se da cuenta por medio del oráculo de Apolo que el hijo de Danae lo mataría un día, decide evitarlo encerrando a su hija en una torre de bronce para que nunca pueda casarse ni tener hijos. Zeus, el dios griego que tenía una fijación por "ayudar" a mujeres hermosas, se aparece en la torre y le dice a Danae que la va a hacer su esposa. La lanza un haz de luz y ese haz dorado se convierte en el bebé Perseo.

Cuando Acrisio descubre lo ocurrido, encierra a Danae y Perseo en un baúl que echa al mar. Poco tiempo después, Dictys los rescata y le hace saber a Polyctedes. Polyctedes era el rey de la isla Serifos y cuando ve a la bella Danae, se quiere casar con ella. Perseo que no desea que su madre se case con él logra llegar a un acuerdo con Polyctedes para traerle un regalo para una boda que Polyctedes mismo había planeado para engañar a Perseo. ¿Cuál era el regalo? Traerle la cabeza de Medusa. Aquella mujer mitológica que podía convertir a la gente en estatuas de piedra con solo que la vieran.

Perseo, con la ayuda de las sandalias aladas de Hermes y el escudo de Atena, logra cortarle la cabeza a Medusa, la cual estando degollada, todavía podía convertir a la gente en piedra. La lleva de regreso a la isla y cuando llega allí descubre que la boda de Polyctedes era una farsa que él había inventado y que ahora su madre había sido convertida en sirvienta de Polyctedes. Perseo, entra al palacio y descubre la cabeza de meduza. De esa forma convierte a Polyctedes y sus cortejanos en piedra.

Te conté esa historia solo para que notes que aun cuando seguramente la leíste cuando estabas en la escuela o la viste en una versión, estilo Hollywood en el cine, la historia no tiene ninguna similitud con

Jesús. Además, la leyenda con respecto a la muerte de Perseo está llena de contradicciones. En algunas versiones, Perseo mata a Dionisio. En otras, Dionisio mata a Perseo. En otras, ambos se matan al mismo tiempo. En otras, ninguno de los dos muere. Cómo ves, un mito más y nada de paralelismo.

EL SOL Y EL ZODIACO

Según los oponentes del Cristianismo, la historia de Jesús se deriva del sol y del zodiaco.

Es interesante que la relación con el sol, solo se puede aducir si se usa el idioma inglés. En inglés, la palabra "hijo" se traduce como "son" y la palabra "sol, se traduce como "sun". Ya que las dos palabras son homófonas en inglés, se puede inferir una relación.

Este argumento se puede refutar fácilmente con solo investigar el origen del idioma inglés que se remonta al siglo cinco después de Cristo.

Con respecto al zodiaco, te doy una breve definición e historia. Según la Real Academia de la Lengua, el zodiaco es la zona o franja celeste por el centro de la cual pasa la Eclíptica. Tiene de 16 a 18 grados de ancho total; indica el espacio en que se contienen los planetas que solo se apartan de la Eclíptica unos 8 grados y comprende los 12 signos, casas o constelaciones que recorre el Sol en su curso anual aparente, a saber, Aries, Tauro, Géminis, Cáncer, Leo, Virgo, Libra, Escorpión, Sagitario, Capricornio, Acuario y Piscis".[1]

Se denomina la palabra zodiaco debido a que la mayoría tiene nombre de animales. Algo interesante es que Isaac Newton argumentaba que las constelaciones zodiacales se presentaban de esa forma en homenaje al mito de Jasón y los argonautas. Por ejemplo, Leo era por Hércules quien se vestía con piel de león. Géminis por los gemelos, Cástor y Póllux para los romanos o Cástor y Polideuco para los griegos, etc.

Pero, ¿en qué se asemeja el Zodiaco a Jesús? En nada. Sin embargo, analizaremos los principales argumentos que dicen que sí hay un paralelismo.

Según información encontrada en internet, los que respaldan este mito del zodiaco dicen que el sol "muere" el 22 de diciembre, lo que es conocido como el solsticio de invierno. En ese momento, el sol detiene su movimiento hacia el sur y comienza de nuevo tres días después, el 25 de diciembre, ahora moviéndose en dirección hacia el norte. Y por si esto fuese poco, eso ocurre durante el signo zodiacal de virgo lo cual muestra referencia a la virgen.

No sé cuánto recuerdes de tus estudios escolares pero creo que estarás de acuerdo conmigo que la astronomía demuestra que la Tierra es la que gira alrededor del Sol y no el Sol alrededor de la Tierra. Pero en todo caso, la Tierra no detiene su movimiento, a menos que ocurriera un milagro como el ocurrido en los tiempos de Josué. También es importante agregar que no existe ningún período donde esa relación entre el sol y la tierra se detenga por tres días. Si existe una situación donde aparentemente el movimiento parece ser más lento pero ya que es algo gradual, la definición de detenerse que quieren inferir los escépticos, también puede extenderse por más días.

Con lo que respecta al signo virgo, se supone de acuerdo con los astrólogos que virgo ocurre entre el 23 de agosto y el 22 de setiembre. Eso desmorona la posición de que el solsticio de invierno ocurra en la temporada de otoño, ¿no crees?

Otro argumento común es decir que el sol es la luz del mundo y cómo se usa el mismo término con Jesús, eso demuestra un paralelismo. Aquí existe un problema de definición. Es cierto que el sol es la luz principal del planeta Tierra. Sin embargo, cuando nos referimos a Jesús como la luz del mundo no estamos diciendo que él sea quien emana los rayos ultravioleta en el planeta. Nos referimos al uso de un antropomorfismo bíblico que indica que en Jesús se encuentra la salvación del ser humano. Algunos han llegado a decir que cuando se ven los rayos del sol, este da la apariencia de que tuviera espinas a su alrededor. O que al verlo en el horizonte en el mar podemos decir que camina sobre las aguas. Gracioso, ¿no crees? Me imagino que si lo vemos en el horizonte de un desierto, entonces se puede decir con certeza que el sol camina sobre un desierto. Las cosas que inventa la gente con tal de presentar un argumento.

Un argumento más en "favor" del paralelismo entre Jesús y el Zodiaco tiene que ver con la idea que la Biblia habla de doce tribus y los signos del zodiaco son doce. Es cierto que la división de los signos del zodiaco en doce partes ocurrió en el siglo cinco antes de Cristo, pero lo que no nos quieren decir es que la división de las doce tribus de Israel ocurrió probablemente en el siglo catorce antes de Cristo. Al menos nueve siglos antes que el zodiaco hiciera la división en doce. No creo que haya ninguna conexión entre el número de tribus de Israel y el Zodiaco pero si tuviésemos que aceptar una conexión, el plagio claramente recae en el Zodiaco.

Podrás encontrar más argumentos de supuestas similitudes entre el Zodiaco y Jesús en la internet, pero con paciencia y usando la lógica, te darás cuenta que cada uno de esos argumentos no tiene fundamento.

QUETZALCÓATL

Hasta ahora hemos leído sobre mitos o leyendas del otro lado del mundo. Ahora nos vamos a concentrar en una leyenda latinoamericana. Me refiero a la leyenda de Quetzalcóatl. Ese personaje se le conoce también como la serpiente emplumada. Primero leamos una breve historia de ese personaje y luego entraremos en detalles de sus supuestos paralelismos con Jesús.

"Quetzalcóatl era uno de los dioses más importantes de las culturas maya y azteca. Se le conoce principalmente en dibujos y tallados ceremoniales como una serpiente cubierta de plumas blancas, de allí la denominación de serpiente emplumada. De acuerdo con las imágenes de la época, Quetzalcóatl se mostraba con su cuerpo pintado de manera ritual, una máscara de pájaro pintada de rojo y la joya del viento, un símbolo de respiración divina. También utilizaba un penacho decorado con gemas que representaba la unión de Quetzalcóatl con el sol y el planeta Venus. La leyenda dice que Quetzalcóatl creó el mundo, le dio nombre a los mares y los continentes, domesticó los animales, creó el fuego, enseñó música y baile a los primeros pobladores del mundo".[1]

Quetzalcóatl es un personaje peculiar para los mexicanos y otros pueblos latinoamericanos y al igual que otras leyendas indígenas, Quetzalcóatl está lleno de enigmas. Se puede decir que es parte del orgullo de la historia indígena de los mexicanos.

Todos sabemos que los españoles al conquistar el continente americano, tuvieron roces con los indígenas del área en esa época pero un aspecto que vale la pena resaltar y que podría resolver muchos de los factores de estos supuestos paralelismos entre Quetzalcóatl y Jesús tiene que ver con la llegada de Hernán Cortés. Uno de los relatos más conocidos menciona que "en 1519, cuando el conquistador Hernán Cortés llegó con sus barcos a la costa azteca, el emperador Moctezuma pensó que era Quetzalcóatl, ya que Hernán Cortés era blanco y su casco tenía plumas".[2]

Según la leyenda, Quetzalcóatl era blanco, tenía plumas y se había ido pero volvería desde el mar. Interesante, ¿no te parece? Sin embargo, "estudios recientes sugieren que este relato probablemente fue ficción política compuesta por los mismos historiadores españoles unos cincuenta años después que Cortés venciera a Moctezuma".[3]

En otras palabras, ese asunto de la asociación de Hernán Cortéz con Quetzalcóatl fue una invención de los mismos españoles, no de los indígenas de la época.

De la misma forma encontraremos el mismo patrón con respecto a otras ideas sobre los "poderes" y "'títulos" de Quetzalcóatl.

Otro aspecto que no es muy conocido es que por muchos años, la iglesia mormona utilizó a este personaje para mostrar así que había evidencia histórica y arqueológica de cómo Jesús viajo a América a predicar su mensaje a los pueblos indígenas. Permítame presentarle algunas citas que evidencian esa posición:

"La vida de la divinidad mexicana, Quetzalcóatl es muy similar a la del Salvador. Es tan similar que tenemos que llegar a la conclusión de que Quetzalcóatl y Cristo son el mismo ser... la historia de Quetzalcóatl se nos ha sido entregada por medio de un origen lamanita impuro, lo cual tristemente desfiguró y pervirtió los incidentes originales y las enseñanzas de la vida y el ministerio del Salvador".[4]

"La tradición lamanita ha preservado el registro del ministerio entre los habitantes antiguos de América por medio de un dios blanco llamado Quetzalcóatl... Quetzalcóatl era un hombre de aspecto favorable, blanco y tenía barba. Vestía con una túnica larga...Él les dijo que cuando llegara el tiempo…él regresaría y su doctrina sería aceptada. Casi sin excepción, los mormones han asociado esta tradición con el ministerio del Cristo resucitado entre los nefitas".[5]

"Muchos santos de los últimos días (Mormones) no saben mucho acerca del personaje mesoamericano llamado Quetzalcóatl…quien tiene similitudes impresionantes con Cristo tal como es descrito en el Libro del Mormón…En algunos relatos, Quetzalcóatl viste una túnica blanca larga… registros nativos tradicionales que luego fueron escritos por los españoles… documentan una creencia ampliamente aceptada …de un ser sagrado, descrito como un hombre blanco con barba, que apareció hace mucho tiempo para enseñar un conjunto de principios espirituales y que luego se fue con la promesa que algún día regresaría".[6]

Por si eso fuera poco, una página electrónica mormona todavía mantiene comparaciones entre Jesús, Quetzalcóatl y el Libro del Mormón.[7]

Afortunadamente para los mormones, la mayoría de apologetas mormones ya no están de acuerdo con esa posición. No obstante, ese registro del pasado demuestra una erudición muy pobre y claro, sirve como ejemplo de lo que hacen algunas personas con tal de "probar" que su religión es verdadera.

Durante mi investigación me encontré con el blog de una persona que se auto denomina, Brother Zelph. Se describe a sí mismo como alguien que nació y creció en la iglesia mormona pero que ahora ya no es miembro de esa religión. En este blog, Brother Zelph presenta muy buenos argumentos en contra de esta idea sobre la conexión entre Quetzalcóatl y Jesús. Aquí están algunos de ellos:

En el libro, Reader Digest's Mysteries of the Ancient Americas, que traducido al español sería: Misterios de la América antigua, dice lo siguiente con respecto a la teoría del dios blanco:

"Existe, sin embargo, un defecto grave en las teorías del dios blanco… No es sino hasta después de la conquista española que Quetzalcóatl es descrito como un personaje de piel blanca y solamente en registros provistos por los propios españoles. Dentro del arte local azteca, Quetzalcóatl se muestra generalmente como una serpiente emplumada o como un ser humano que tiene máscara o donde el rostro es negro, a veces con rayas amarillas y una boca roja…Nada que se conoce de la leyenda azteca, implica que Quetzalcóatl haya sido un hombre blanco… en su forma humana en la tierra".

Eso quiere decir que si vamos a creer que Quetzalcóatl era un dios blanco, la única evidencia que podemos utilizar es la versión de los españoles. En otras palabras, no existe ningún dibujo o arte precolombino que muestre a Quetzalcóatl como un hombre barbudo y con una túnica blanca. Al contrario, en todos los casos, ya sean murales, o arte precolombino se le muestra solamente como una serpiente emplumada o un hombre de piel oscura.[8]

Con respecto a la idea de que Quetzalcóatl iba a regresar, fue una idea post-conquista. Es un concepto escrito por cronistas españoles en su deseo de considerarse actores en el cumplimiento de una "profecía". Es muy probable que los españoles con sus caballos, cañones y barcos hubiesen parecido seres sobrenaturales para los indios de la época. Pero no existe evidencia certera que muestre que el emperador azteca u los demás indígenas pensaran que la invasión española fuese la segunda venida prometida del dios Quetzalcóatl.[9]

Y si todavía piensa que hay similitudes entre Quetzalcóatl y Jesús. Las siguientes son algunas de las características de Quetzalcóatl. Analícelas y piense si se puede fundamentar el argumento:

Quetzalcóatl tenía un hermano gemelo.[10]

Quetzalcóatl inventó el calendario y los libros.[11]

Quetzalcóatl le dio maíz a los seres humanos.[12]

Quetzalcóatl utilizó la sangre de una cortada que tuvo en su pene para crear una nueva raza de personas en ultratumba.[13]

Quetzalcóatl se embriagó y fue engañado para tener relaciones sexuales con una sacerdotisa o con su hermana (depende de la versión que leas).[14]

Quetzalcóatl se mató asimismo incendiándose con fuego.[15]

¿Crees que Jesús, haría esas cosas?

Deseo agregar otra cita que me parece muy pertinente, ya que viene de Joseph L. Allen en su libro, Exploring the Lands of the Book of Mormon (Explorando las tierras del Libro de Mormón). Este autor es mormón. No obstante, él admite lo siguiente:

"Todo lo que se sabe acerca de Quetzalcóatl surge de fuentes secundarias. Toda la información escrita que se tiene disponible acerca de Quetzalcóatl en la actualidad se origina con escritos de cronistas españoles del siglo dieciséis. Tal como fue mencionado anteriormente, los cronistas españoles eran esos conquistadores españoles, misioneros católicos o nativos como Ixtlilxochitl, quienes tuvieron que utilizar a los aztecas o los mayas que vivían en ese tiempo de la conquista como su fuente de material".

Allen sigue diciendo que el material podría haber sido "parcializado desde un punto de vista indígena como un intento por proteger las creencias religiosas indígenas o parcializado desde la perspectiva española como un intento de unir o relacionar la historia de México con el catolicismo. O quizá presentar la perspectiva opuesta para equiparar la historia de los mexicanos con las obras del diablo".[16]

Esa es una admisión muy importante. Es más, David Carrasco en su libro, Quetzalcóatl and the Irony of Empire (Quetzalcóatl y la ironía del imperio), afirma que eso es exactamente lo que sucedió:

"La evidencia muestra que el impacto de los procesos coloniales generó una atmósfera peligrosa y llena de presión que penetró en la transmisión de las tradiciones religiosas e históricas indígenas durante el siglo dieciséis hasta el punto que casi todos los documentos disponibles contienen alteraciones en la imagen de la vida precolombina... es claro que hubo trazos coloniales españoles y católicos a través de las ideas, los símbolos y los sueños de la cultura mexicana antigua".[17]

Otro aspecto que debo enfatizar es que en la actualidad solo existen dieciséis documentos considerados precolombinos. Todos los demás fueron destruidos por los conquistadores. Es lógico preguntarse entonces cuál sería la razón por la que lo hicieron. Aun así, tal como lo hemos dicho antes, no existe ninguna conexión o inferencia entre Jesús y Quetzalcóatl en esos documentos.

Veamos otras supuestas similitudes:

-Quetzalcóatl y Jesús nacieron de mujeres vírgenes.

La leyenda cuenta que la madre de Quetzalcóatl. Coatlicue un día vio una pluma de muchos colores volando y la fue a recoger para quedarse con ella. Y de un momento a otro quedó embarazada. Existen otras versiones que dicen que Quetzalcóatl nació de una piedra. En el caso de Cristo, su nacimiento había sido profetizado muchos siglos antes y la importancia de que hay sido una concepción virginal tiene que ver con la necesidad de la humanidad de que su redentor fuese Dios mismo.

-Quetzalcóatl usaba una túnica blanca y se le describe como un hombre blanco.

Las únicas ilustraciones que muestran a Quetzalcóatl como un hombre blanco con barba provienen de documentos europeos. No podríamos llamar a eso una fuente confiable.

Por demás, debemos recordar que Jesús era judío y su piel seguramente era morena.

Con respecto a su ropa. Según los documentos disponibles, Quetzalcóatl usaba una piel de jaguar como capa y vestía con plumas de quetzal.

-Quetzalcóatl fue crucificado.

Esta comparación es muy interesante. Si alguna vez has visto imágenes del Códice Borgia, quizás hayas tenido la oportunidad de ver uno de los dibujos que muestra a Quetzalcóatl junto con otros dos dioses. En ese cuadro, esos dioses le extraen el corazón a Quetzalcóatl. De allí es llevado a ultratumba y a un campo de juego de pelota.

En otra imagen se ve Quetzalcóatl encima de un objeto que tiene la forma de la letra "X". No en la forma de la letra "T". Allí aparecen con él cinco imágenes pequeñas de Nanahuatzin, el dios de la muerte y la lujuria. Estas imágenes salen de sus cuatro extremidades y de su corazón. Los autores del libro, The Codex Borgia, mencionan que una de las interpretaciones es que en esa escena Quetzalcóatl se está transformando en Xolotl-Nanahuatzin y de allí que algunos en la iglesia mormona hayan tomado esta escena y la compararan con la resurrección.

Ahora bien, la palabra resurrección implica cosas diferentes en ambos aspectos pero solo como parte de la conversación supongamos que Quetzalcóatl resucitó. Si eso fue así, hay un gran problema para los mormones ya que los historiadores proponen que Quetzalcóatl vivió aproximadamente en el año 300 después de Cristo: Algunos como el Director del Museo del sur de Illinois, Biasil C. Hedrick dice que mucho más:

"Los calendarios sugerirían un tiempo de novecientos años o más después de la crucifixión en Jerusalén. Me parece ilógico que los mormones hagan lo que hacen. Se aprovechan de algunas similitudes y aparentes comparaciones para apoyar sus interpretaciones, pero eligen ignorar toda la demás información que les llevaría a una conclusión opuesta, si ellos fuesen objetivos en su investigación".[18]

Una vez más, nos damos cuenta que no hay bases para alguna comparación entre Jesús y Quetzalcóatl.

Antes de concluir este capítulo, me parece apropiado que aprendamos un poco más sobre el Códice Borgia:

El códice Borgia.

Su origen: No se conoció su existencia hasta finales siglo XVIII como parte del Museo del Cardenal Stefano Borgia en Roma, de ahí su nombre.

Se trata de un libro ritual. Se inicia con el "libro de los días" que describe el famoso calendario ritual de 260 días. Unas láminas muestran veinte dioses. Una de esas, muestra los 9 dioses de la noche. Después vienen los símbolos de los días en asociación con los puntos cardinales. Otras láminas se refieren al año solar de 365 días. La combinación del calendario de 365 días con el calendario ritual de 260 días da como resultado la famosa "rueda calendárica" de 52 años, de la que realizan predicciones para cada cuarto de este periodo de 52 años sobre las épocas de mayor cosecha, períodos de lluvias, enfermedades, hambrunas, etc.

La parte más larga del códice Borgia y, a la vez, más enigmática, representa una narración de sucesos históricos, que tuvieron lugar en Tula y en Teotihuacán. Se muestran templos, juegos de pelota y numerosos sacrificios. Finalmente el códice contiene láminas, que fueron usadas para hacer profecías sobre matrimonios. Una de las últimas láminas muestra una hermosa pintura del dios del sol rodeado de 12 pájaros y de una mariposa, simbolizando de esta manera los 13 niveles del cielo.[19]

Algo que no debemos olvidar con respecto a estas imágenes en el códice es que ya no existen sacerdotes aztecas o indígenas de la época que pudiesen decirnos exactamente lo que las imágenes significaban. Eso indica entonces que su contenido está abierto a especulación. Y por eso es que leemos libros como el de Kersey donde se habla de crucifixión sin ninguna base más que un par de imágenes que tienen que ser exageradas en la imaginación para poder dar ese sentido. Y cuando se cotejan con el resto de las imágenes, esa presunción parece desmoronarse fácilmente.

Por ejemplo, algunos tratan de apoyarse en un libro escrito por Edward Kingsborough titulado, Antiguedades de México (Antiquities of México). Puedes buscar más acerca del mismo pero creo que la autora Ruth Anne Phillips da la síntesis más breve sobre esa obra: "Sus afirmaciones sobre que la Mesoamérica antes de la conquista descendió de una tribu perdida de Israel ya desde hace mucho tiempo han sido descartadas, sin embargo, los dibujos de todos los códices que tuvo a su alcance siguen siendo valiosos".[20]

Eso nos muestra que los comentarios de Quetzalcóatl ya eran parcializados y eso lo desecha como fuente confiable. Además, debemos recordar que muchos de los dibujos que él vio ya estaban teñidos de influencia post-colombina, no precolombina.

En conclusión, la idea de una similitud entre Jesús y Quetzalcóatl no aguanta el peso de la evidencia. Sin embargo, creo que seguiremos leyendo el mismo disco rayado por muchos años más.

PULVERIZANDO EL CÓDIGO DA VINCI.

En el año 2005, cuando la novela estaba en su apogeo y la película estaba por estrenarse en los cines, escribí un libro llamado, Pulverizando el código Da Vinci. Ya que muchas de las cosas que se mencionan en el libro caen en la categoría de mitos falsos decidí agregarlo a este libro. Notarás que mucho de lo que se responde aquí te dará una perspectiva más clara de cómo alguien puede usar los mitos ya mencionados en literatura de ciencia ficción y crear un caos. Pulvericemos juntos el código…

GNOSTICISMO Y PAGANISMO

1. ¿Qué es el Gnosticismo?

La palabra "gnóstico" viene de la palabra griega "gnosis" que significa conocimiento. De una manera más precisa, la palabra se utiliza para referirse al conocimiento oculto que solo está disponible a los iluminados. Los gnósticos creían que ellos tenían experiencias espirituales que les daba una ventaja sobre la interpretación religiosa del mundo. Una de las características que Brown utiliza en su novela es que los gnósticos seguían su propia versión del Cristianismo donde a Dios, a veces, se le consideraba andrógino (sus rasgos son femeninos y masculi-nos a la vez).[1]

Las creencias se adherían a un dualismo, una oposición radical que enseñaba que el mundo de las ideas era un mundo puro, mientras que el mundo físico era corrupto. El Dios verdadero (llamado con frecuen-cia el Incorruptible) era parte de este mundo de ideas y era luz.[2]

2. ¿Qué son los evangelios gnósticos?

En el año 1945 se descubrieron trece códices de papiro envueltos en cuero. El lugar del descubrimiento era Nag Hammadi, una ciudad a aproximadamente 300 millas al sur del Cairo en la región del río Nilo en Egipto. Debido al mercado negro y otros eventos, a la fecha solo se mantiene 52 escritos de esos códices. Están fechados como documentos escritos entre los años 350 y 400 D.C. por el tipo de escritura y papiro utilizado.[3]

3. ¿Qué es dualismo?

Dualismo significa que dos principios están totalmente opuestos el uno al otro, Para los gnósticos, el Padre Eterno es eterno, supremo y tras-cendente; un ser absolutamente espiritual que no tiene contacto alguno con lo material.[4]

4. ¿Existe una biblia gnóstica?

Si deseas perder el tiempo leyendo mitos y falsedades, entonces podrás encontrar un libro con cincuenta libros llamado la biblia gnóstica.

5. ¿Cuáles son algunas diferencias entre la biblia gnóstica y la Biblia del Cristianismo?

Son muchísimas pero te daré algunas características que diferencian a ambas.

La Biblia del Cristianismo menciona lugares geográficos y eventos en secuencia. La biblia gnóstica no.

La Biblia del Cristianismo ha sido evaluada con la más alta disci-plina de la arqueología. La biblia gnóstica no.

La Biblia del Cristianismo tiene miles de copias de sus manuscritos con mínimos cambios que no afectan el sentido de una frase. La biblia gnóstica no.

La Biblia del Cristianismo mantiene una relación complementaria entre todos sus libros. La biblia gnóstica no.[5]

6. ¿Cuáles son algunas diferencias entre el Cristianismo y el gnosticismo?

Entre las más peculiares se encuentran estas:

- Gnosticismo: Rechazaba el cuerpo y lo veía como una prisión para el alma.
- Cristianismo: Insiste que Dios infunde vida en toda la creación y que hasta el cuerpo humano puede ser un vaso de santidad, un «templo del Espíritu Santo».
- Gnosticismo: Rechazaba las escrituras hebreas y presentaba al Dios de los judíos como un espíritu malvado.
- Cristianismo: Mira al judaísmo como a una madre.
- Gnosticismo: Era elitista.
- Cristianismo: Es igualitario y no da preferencia a nadie.
- Gnosticismo: Era demasiado complicado.
- Cristianismo: Es sencillo.
- Cristianismo: Se ha mantenido por siempre.
- Gnosticismo: Murió bajo su propio peso.[6]

7. ¿Qué son los documentos de Nag Hammadi,?

Son los documentos que actualmente se conocen como los documentos gnósticos.

8. ¿Es cierto que los documentos de Nag Hamaddi eran rollos?

Falso. Los documentos de Nag Hamadi se encontraron en forma de códices. O sea en la forma de libros no de rollos.

9. ¿Es cierto que los evangelios gnósticos son más antiguos que los evangelios que se encuentran en la Biblia del Cristianismo?

Falso. Compara lo siguiente:

- El evangelio de Tomás = Entre el 150 y el 183 después de Cristo.

- El evangelio de Felipe = Entre el 200 y el 350 después de Cristo.
- El evangelio de María = Algún momento del segundo siglo.

Con esto:

- El evangelio de Mateo = Entre el 40 y el 100 después de Cristo.
- El evangelio de Marcos = Entre el 64 y el 70 después de Cristo.
- El evangelio de Lucas = Entre el 70 y el 90 después de Cristo.
- El evangelio de Juan = Entre el 68 y el 100 después de Cristo.
- Creo que ya te has dado una idea de la vasta diferencia que hay entre ambos documentos.[7]

10. ¿Es cierto que los documentos de Nag Hammadi fueron escritos en Arameo?

Falso. Los documentos fueron escritos en lenguaje copto.

11. ¿Qué es el lenguaje copto?

El lenguaje copto es el nombre usado para referirse a la última etapa del lenguaje escrito egipcio. Este lenguaje se empezó a utilizar en el siglo segundo antes de Cristo.[8]

12. ¿Qué sabemos de evangelio de Felipe?

Es un texto que fue compuesto en la segunda mitad del siglo tercero, doscientos años después del tiempo de Jesús. Eso significa que Felipe no pudo ser el autor. Por esa razón, se le denomina seudo-epígrafe.

13. ¿Es cierto que Jesús besaba a María Magdalena en la boca?

Falso. Este intrigante chisme está basado en algo muy dudoso. Déjame explicarte. En el documento gnóstico llamado evangelio de Felipe existe un pasaje que está fragmentado y se lee de la siguiente manera:

Y la compañía del ¿…? María Magdalena ¿… e ? más que ¿…? los discípulos ¿…? besarla ¿…? en ¿…?».

Lo que aparece con puntos suspensivos son aquellas partes que están destruidas y no se puede saber con certeza que era lo que decía.

Las personas que quieren que este versículo diga que Jesús tenía un amorío con María Magdalena escriben el texto de la siguiente manera:

"La compañía del Mesías, María Magdalena. La amó más que todos los discípulos y solía besarla en la boca".

¿Qué te parece? No crees que es sumamente exagerado tratar de insertar esas palabras solo para poder apoyar una creencia que no tiene más fundamentos?[9]

14. ¿Es cierto que la palabra "compañera" significa esposa en arameo?

Falso. Primero que todo, el evangelio de Felipe fue escrito en el lenguaje copto, no en el lenguaje arameo.

Segundo, cualquier erudito en la lengua aramea nos aclararía que la palabra "compañera" solo significa una relación de amistad en arameo o en copto. No olvides que este documento gnóstico fue escrito en el siglo tercero, doscientos años después de la época de Jesús. No creo que le puedas llamar a eso un testigo confiable.[10]

15. ¿Cuál es el texto que utiliza Dan Brown en el documento llamado el "Evangelio de María"?

Dan Brown se refiere a la sección 9, estrofas 6-9:

6. Levi le respondió a Pedro, Pedro tú siempre has sido de mal temperamento.

7. Veo que ahora contiendes contra la mujer como si fuera tu adversario.

8. Pero si el Salvador la hizo digna, ¿quién eres tú para rechazarla?

Ciertamente el Salvador la conoce bien.

9. Por eso él la amó más que a nosotros. Más vale que sintamos vergüenza y nos vistamos del hombre perfecto y nos separemos como no mandó para predicar el evangelio, sin poner más reglas u otra ley que el Salvador dijo.[11]

Cómo te mencioné antes, los evangelios gnósticos no tienen ninguna veracidad y por demás no te parece hasta gracioso cómo este pasaje habla de que Jesús había hecho digna a María Magdalena cuando el evangelio gnóstico de Tomás dice que la única forma de que María Magdalena fuera digna del cielo era convirtiéndose en hombre.

Todavía no puedo entender como los defensores de los evangelios gnósticos siguen diciendo que esos evangelios realmente daban un lugar especial a la mujer.

16. ¿Cuáles son los evangelios que Dan Brown critica tanto?

El evangelio de Mateo, el evangelio de Marcos, el evangelio de Lucas y el evangelio de Juan.

17. ¿Es cierto que los evangelios no hablan de los aspectos humanos de Jesús?

Falso. Léelos y te darás cuenta de lo bien entrelazadas que están la humanidad y la deidad de Jesús. No veo cómo se puede leer en los evangelios que Jesús tuvo hambre, sed, que dormía, que trabajaba, que caminaba, etc. y aun decir que esas no son características humanas de Jesús.

18. ¿Los evangelios gnósticos se refieren a la humanidad de Jesús?

Falso. Todo lo contrario, los gnósticos consideran que lo terrenal es un obstáculo para el conocimiento divino.

19. ¿Escribió Irineo, un padre de la iglesia, un libro atacando a los gnósticos?

Más que un ataque hacia los gnósticos fue un ataque hacia las enseñanzas falsas del gnosticismo. Su libro se llama, Contra Herejías, y puedes leerlo en la Internet o en una biblioteca. Irineo entendía que las enseñanzas del gnosticismo no tenían fundamento.

20. ¿Cuáles eran algunas de esas enseñanzas?

Te sorprenderá ver las similitudes con algunas de las tendencias actuales de la sociedad. Por ejemplo:

Los gnósticos eran un grupo de pensadores influenciados grandemente por Platón. La mayoría de ellos negaba que Dios pudiera hacerse carne (o sea humano), ya que la materia o lo material era considerado como maligno y por lo tanto Dios no podía hacer eso. Creían que el hombre podía encontrar su propio camino a la salvación y su problema no era el pecado sino más bien la necesidad de un auto conocimiento. Algunos gnósticos aceptaban una deidad que fuera masculina y femenina al mismo tiempo. Casi todos negaban la resurrección física de Jesús y algunos hasta decían que no murió en la cruz, sino que lo sustituyeron. Otra cosa más, ellos estaban unidos en su concepto de que la redención estaba bajo su poder y que se podía obtener sin la mediación de Jesús o la iglesia.[12]

21. ¿Fue hecha la Biblia por motivaciones políticas?

Falso. La Biblia demuestra ser una recopilación única y su forma de complementarse a sí misma demuestra una característica sobrenatural. No existe otro conjunto de libros en este mundo que haya sido escrito por más de 40 autores de diferentes estratos en un período de 1600 años, o sea, 60 generaciones en medio de diversidad política y social que pueda mantener un solo tema central sin contradicción. [13]

22. ¿Cuáles son libros apócrifos?

Son libros que no se encuentran incluidos dentro del Canon. Si te preguntas que quiero decir con la palabra Canon, es muy sencillo, Canon quiere decir un catálogo de libros que la iglesia en su totalidad acepta como sagrados. También es vital que hagamos la distinción entre tres documentos importantes. Los libros apócrifos que se incluyen en la Biblia católica, los libros apócrifos o seudo-epígrafes y los documentos gnósticos.

Los apócrifos que se encuentran en la Biblia católica son principalmente relatos de la historia judía en el período inter testamentario. Los libros seudo-epígrafes son libros que no son originales de un autor tal pero que fingen ser de ese autor. En resumen, son libros fraudulentos.

23. ¿Por qué se les llama seudo-epígrafes?

La mejor definición que he encontrado la escribió Erwin Lutzer. Él dice que son: "escritos fraudulentos que fueron considerados por los primeros líderes de la iglesia como cuentos encubados en imaginaciones fértiles".[14]

24. ¿Por qué los evangelios gnósticos no fueron aceptados como parte del Canon?

Muy sencillo, tú tampoco los hubieras aceptado. Algunos de esos libros enseñaban cosas como:

"Cuando Jesús era un niño, él mató a otro niño tirándolo de un techo. Cuando lo acusaron, Él usó su poder para resucitar al niño".

Otro ejemplo: "Después de la caída, Adán pensó en un plan para regresar al Paraíso, en el cual él se pararía en el río Jordán por cuarenta días y Eva haría lo mismo en el río Tigris por treinta y cuatro días. Pero Satanás convenció a Eva de salirse del agua arruinando así el plan de Adán".

Y otro más: "En el infierno, los blasfemos son colgados de sus lenguas y los fornicadores de sus genitales. Pero si la gente le pide a Dios que los libere, todo el infierno se vaciaría. Sin embargo nadie debe saberlo, porque si lo supieran pecarían más".[15]

Esa no es la clase de enseñanzas que el Espíritu Santo inspiraría

25. ¿Quién era el dios Mitras?

Se cree que Mitras era un dios de la antigua Persia al igual que uno de los doce dioses más altos de los Arianos de la India.
En la religión Zoroastra, lo consideraban un ángel, un dios de "luz celestial". En Roma, Mitras era asociado y honrado por los militares como un dios de guerra.

26. ¿Es cierto que el Cristianismo tomó cosas que se le atribuyen a Mitras y las plagió para utilizarlas en la vida de Jesús?

Falso. Primeramente la mayoría de los seguidores de Mitras no conservaron documentos escritos, escogiendo pasar la información de su religión a través de rituales secretos.
Segundo, recuerda que muchas de las cosas que se le atribuyen a la vida de Jesús se basan en profecías escritas hasta 700 años antes de su

cumplimiento. Otra vez la evidencia de los documentos escritos destruye los mitos paganos.

27. ¿Quién es quien, Jesús o Mitras?

Si usas la lógica, te darás cuenta que el péndulo puede ir a cualquiera de los dos lados. O el Cristianismo plagió las historias de Mitras o la religión que adoraba a Mitras plagió la historia del Cristianismo. Lo que tú y yo debemos hacer es pesar la evidencia.

28. ¿Era Mitras un dios anterior a la vida de Jesús?

Se dice que la adoración a Mitras se encuentra registrada por primera vez con los persas hace unos cuatro mil años. Pero debo recordarte que la Biblia es muy clara acerca de que no hay más Dios sino solo uno.

Mitras fue solo un ídolo pagano que como ya has leído no tiene mucha veracidad en cuanto a su relación con los aspectos referentes a Jesús.

29. ¿Qué sabemos del evangelio de María?

Sabemos que la declaración. "Que Jesús la amó más que a los discípulos" se encontró en un fragmento del siglo quinto.

Lo interesante es que los fragmentos que se han encontrado de este seudo evangelio en el siglo tercero no contienen esta frase.

30. ¿Existe alguna evidencia de que la iglesia cristiana primitiva aceptaba los evangelios canónicos como autoritarios?

¡Claro! Para empezar cada uno de los llamados padres de la iglesia de los primeros cinco siglos después de Cristo citaron versículos (quiero decir frases ya que la inserción de números para los versículos fue hecha mucho más adelante) de los evangelios.

Por ejemplo: Clemente de Roma, Ignacio, Policarpo, Papias, etc.

31. ¿Qué es el documento "Q"?

Algunos eruditos opinan que los evangelios de Mateo y Lucas utilizaron una fuente llamada "Q" para escribir sus evangelios. Se le puso ese nombre solo porque la palabra "Quelle" es una palabra alemana que significa fuente. Pero hay buenas razones para poner en duda esta teoría. Tal como lo dice Josh McDowell: "En primer lugar, nunca se ha encontrado el documento "Q". Segundo, no hay acuerdo en el contenido exacto de la "Q". Tercero, no hay testimonio histórico de la existencia de un documento así. Y cuarto, el peso de las evidencias históricas no indica que el evangelio de Marcos fuese el primer evangelio escrito, lo cual es imprescindible para la evidencia de la teoría de "Q".[16]

32. ¿Existe el documento "Q"?

Hasta la fecha no se ha encontrado tal documento y sigue manteniéndose como especulación. Existen defensores y opositores de este documento y lo único que se puede decir con certeza es que seguirá siendo un gran debate hasta que se encuentre o se demuestre su falsedad.

33. ¿Creía la iglesia primitiva que Jesús era Dios?

La Biblia tiene una gran cantidad de pasajes que demuestran que Él es Dios, pero tal vez quieras también la opinión de líderes de la iglesia de los primeros siglos que también creían lo mismo. Aquí hay algunos ejemplos:

"Pues nuestro Dios, Jesucristo, fue según el designio de Dios, concebido en el vientre de María, de la estirpe de David, pero por el Espíritu Santo" [Carta a los efesios de San Ignacio de Antioquía, 35-107 después de Cristo].

"Si hubieses entendido lo escrito por los profetas, no habrías negado que Él [Jesús] era Dios, Hijo del único, no engendrado, insuperable Dios" [Diálogo con Trifón, San Justino Mártir, 100-165 después de Cristo].

"Él [Jesucristo] es el santo Señor, el Maravilloso, el Consejero, el Hermoso en apariencia, y el Poderoso Dios, viniendo sobre las nubes como juez de todos los hombres" [Contra los herejes, libro 3, San Ireneo de Lyon, 130 -200 después de Cristo].

"Sólo Él [Jesús] es tanto Dios como Hombre, y la fuente de todas nuestras cosas buenas" [Exhortación a los griegos, de San Clemente de Alejandría, 190 después de Cristo].

"Sólo Dios está sin pecado. El único hombre sin pecado es Cristo, porque Cristo también es Dios" [El alma 41:3, por Tertuliano, año 210 después de Cristo].

"Aunque [el Hijo] era Dios, tomó carne; y habiendo sido hecho hombre, permaneció como era: Dios" [Las doctrinas fundamentales 1:0:4; por Orígenes, 185–254 después de Cristo].[17]

34. ¿Es cierto que el Cristianismo ha plagiado muchas de sus historias de la religión pagana?

Falso. Más bien muchas historias paganas han tomado la historia de Jesús y la han tergiversado. Veamos unos ejemplos:

Tammuz en Mesopotamia, Adonis en Siria, Atis en Asia Menor y Osiris en Egipto claman haber tenido una resurrección. Analicemos:

Fue hasta 1906 que James Frazer escribió un libro que presentaba los paralelismos entre Jesús y otros dioses paganos. El libro se llamaba The Golden Bough. Debo aclararte que las bases del libro de Frazer son sumamente débiles.

En el caso de Tammuz (quien para los sumerios era Dumuzi) solo hay una suposición ya que los textos akadianos y sumerios que hablan del mito, El descenso de Inanna (Ishtar), no han sido preservados. Fue el Profesor N. Krammer quien publicó un poema donde se muestra que Inanna, en lugar de rescatar a Dumuzi del mundo subterráneo, ella lo envía a él como substituto de ella.

Con respecto a Adonis que en otras leyendas es asociado con Tammuz, no existe ningún rasgo de una resurrección en los primeros textos. Los cuatro textos que hablan de ello se remontan desde el siglo segundo y hasta el siglo cuarto. Lo mismo sucede con Atis, el consorte de Cibela, que solo menciona una "resurrección" hasta el año 150 después de Cristo.

Con Osiris pasa algo interesante. Existe una evidencia clara y antigua de una "resurrección". Hay un documento del segundo siglo que habla de esto. Y este recuento calza con declaraciones encontradas en textos egipcios de hasta 15 siglos antes de Cristo. Sin embargo, no debemos olvidar que en las creencias egipcias se encontraba la idea de la vida en el más allá pero nunca se menciona que Osiris haya vuelto a la tierra de los vivos. La connotación es que Isis le dio la capacidad de vivir entre los muertos y reinar sobre ellos. Una gran diferencia con respecto a la resurrección corporal de Jesús.

En el caso de Mitras, los recuentos de una resurrección son más bien de los años 70 a 117 después de Cristo y debo agregar que son solo dos textos muy obscuros. Todo lo demás que se habla de Mitras viene de los siglos segundo, tercero y cuarto.

El comentario que asocia a Mitras con algo de un pago de sangre fue compuesto en el año 160 después de Cristo.

Existen otras historias más que se refieren a otros dioses paganos y similitudes con la vida de Jesús, pero todas fallan la prueba de la evidencia. En otras palabras, es muy claro que fue el paganismo el que intentó plagiar y torcer la historia de Jesús.[18]

35. ¿El hecho que los cristianos celebren el domingo como el día del Señor era más bien una mezcla pagana?

Falso. El día domingo se adoptó como el día del Señor luego de que Jesús resucitara un día domingo.

Pablo por ejemplo, habla del primer día de la semana donde se reunían para partir el pan y también para reunir las ofrendas. Hechos 20:7 y 1 Corintios 16:2). También esto me parece importante agregar:

Danielou, en su libro, La Biblia y la Liturgia, dedica todo su capítulo 16 a hablar de "El octavo día", con citas de Ignacio de Antioquía, de la Epístola de Barnabás, de la Didajé, todos autores de finales del siglo primero y principios del siglo segundo.

Todos hablan del "dies domenica" (día del Señor). San Justino, allá por el año 150 después de Cristo es el primer cristiano en usar el nombre latín de Día del Sol para referirse al primer día de la semana.

Ya en el concilio de obispos hispanos de Elvira, en el año 303 después de Cristo se proclamó: "Si alguien en la ciudad no viene a la iglesia tres domingos seguidos será excomulgado por un tiempo corto, para que se corrija".

Sólo 20 años después, en el año 321, Constantino declara oficialmente el domingo como día de descanso y abstención del trabajo. O sea, que el domingo es una costumbre cristiana, que posteriormente adoptó la sociedad civil, y no una fiesta pagana robada por los cristianos, justo lo contrario de lo que dice la novela de Brown.[19]

36. ¿Rinden los cristianos adoración al sol si van a la iglesia el domingo?

Falso. Los cristianos viven bajo la libertad de la Gracia. Eso significa que para ellos, no hay diferencia entre un día y otro. Todos los días se pueden usar y deben ser para glorificar a Dios. Romanos 14: 5-8

37. ¿A Krishna le regalaron oro, incienso y mirra?

Falso. Esta declaración parece que fue tomada de un libro titulado "Los 16 Salvadores Crucificados del Mundo" escrito en 1875 por Kersey Graves.

Primero que todo, este libro ni siquiera es aceptado por los ateos ni los gnósticos como evidencia.

Segundo, las declaraciones que hace Graves en su libro no son documentadas, o sea que no sabemos de donde las sacó.

Y tercero, si a Krishna (un dios hindú) le hicieron esos regalos, esa información debería encontrarse en la literatura hindú, y otra vez no encontramos nada en la literatura hindú que hable de ello.

38. ¿Nació Mitras un 25 de Diciembre?

Falso. Es más probable que fuera la creencia de Mitras la que plagió ese día de la tradición cristiana. Lo que sabemos es que fue el emperador Aurelio el que inventó la fiesta pagana en Roma en el año 274 y como recordarás Mitras era un dios de los soldados romanos. Tiene sentido entonces pensar que ese mito se creó a partir de esa época.

39. ¿Es cierto que el dios Mitras usaba los títulos "Hijo de Dios" y "Luz del Mundo"?

Falso. La evidencia fue inventada en el libro "Los 16 Salvadores Crucificados del Mundo" escrito en 1875 por Kersey Graves.[20]

40. ¿Es cierto que Osiris, Adonis y Dionisio nacieron el 25 de diciembre?

Falso. No hay ningún documento histórico que avale eso. Esa es otra información sacada del libro de Kersey Graves. Ahora que hemos aclarado eso, debo agregar también que la idea de que Jesús nació en esa fecha tampoco es verificable.[21]

41. ¿Nació Jesús un 25 de diciembre?

Es muy poco probable. Esta fecha tal vez fue escogida como una forma de oponerse a la festividad de Natalis Solis Invicti (nacimiento del sol inconquistable) con la celebración del nacimiento del «Sol de Justicia», es decir Jesús. Pero nunca dijeron que ese día fue el día en que nació Jesús. La mención más antigua sobre esta fecha con referencia a Jesús se dio en el calendario filocaliano. Filocalia son escritos hechos en el siglo tres.[22]

42. ¿Mataron a Mitras y luego resucitó en tres días?

Falso. Otra de las mentiras escritas por Graves en su libro y tomada por Brown.

43. ¿Traza el planeta Venus un pentáculo perfecto cada ocho años?

Falso. Si seguimos el parámetro del planeta Venus nos daremos cuenta que sigue su forma elíptica alrededor del sol y lo que nosotros vemos desde la Tierra ni siquiera hace una figura perfecta como nos lo trata de inducir Brown.

44. ¿Es cierto que el tetragrámaton JHVH se deriva de una unión física andrógina entre le masculino Jah y Havah, el nombre pre-hebraico que se le daba a Eva?

Falso No tienes que ir a un seminario para saber que el Tetragrámaton era el nombre que Dios utilizó para demostrar su existencia eterna. Ya que ese nombre era considerado demasiado sagrado, los masoretas combinaron las vocales de la palabra Adonai (Señor o Amo) y de allí nosotros obtenemos la palabra Jehová. Así cuando lo leían no tenían que pronunciar el nombre de Dios. Ahora, con respecto a Eva, su nombre en hebreo era "Isha". Nada que ver con lo que dice la novela.[23]

45. ¿Qué significa la palabra Shekinah?

Está palabra en hebreo significa: "Aquél que mora" y fue utilizado por los rabinos para describir la presencia de Dios entre su pueblo.

46. ¿Es cierto que Shekinah era la parte femenina de la Deidad que los judíos adoraban junto con Jehová?

Falso. Dios no tiene géneros, ni masculino ni femenino, Él es Dios. Además, cualquier judío te dirá que ellos se rigen por el "Shemah", una frase muy importante para ellos que se encuentra en Deuteronomio 6:4 y dice: "Oye Israel, Jehová nuestro Dios, Jehová uno es". Por si esto fuera poco. Dios hablando por medio del profeta Isaías declaró:

"Antes de mí, no fue formado dios, ni lo será después de mí..." Isaías 43:10

"Yo soy el primero y yo soy el postrero y fuera de mí no hay Dios" Isaías 44:6

"Yo soy Jehová y ninguno más hay, no hay Dios fuera de mí... para que se sepa desde el nacimiento del sol hasta donde se pone, que no hay más que yo; yo Jehová y ninguno más que yo. Isaías 45:6

"Y no hay Dios más que yo; Dios justo y Salvador; ningún otro fuera de mí". Isaías 45: 21

"Porque yo soy Dios y no hay otro Dios y nada hay semejante a mí". Isaías 46:9[24]

47. ¿Es cierto que los evangelios gnósticos dan la correcta perspectiva de la mujer?

Falso. Es interesante como Brown trata de elevar el "evangelio de

Tomás" como un documento de gran autoridad. Déjame darte un ejemplo de lo que dice este supuesto "evangelio":

> Simón Pedro les dijo: Que María se vaya porque las mujeres no son dignas de la vida. Jesús le dijo: Yo mismo la guiaré para que se haga hombre, de tal manera que pueda convertirse en un espíritu vivo, igual que los hombres.
>
> Porque cada mujer que se haga hombre entrará en el reino de los Cielos". Evangelio de Tomás 114.

¿Tú crees que eso es darle la correcta perspectiva a la mujer? Te aseguro que eso no es lo que Dios ve en una mujer.

48. ¿Es cierto que el gnosticismo expresa el sexo como una unión espiritual entre los seres humanos?

Falso. Tal como lo comenté anteriormente, el gnosticismo es un sistema de creencias que considera las distinciones sexuales, el matrimonio y la maternidad como algo despreciable. Es el neo-gnosticismo el que trata de mezclar conceptos paganos con los gnósticos para crear la idea de que el sexo, homosexual, adúltero, orgiástico o de fornicación conlleva una connotación de adoración espiritual.

49. ¿Quién era Bafomet?

La primera vez que se oye hablar de Bafomet fue en los registros de los juicios contra los Templarios. Debo aclararte que el asunto de que los Caballeros Templarios adoraban a Bafomet surge de registros de la Inquisición de los juicios a los Templarios. El problema es que estas confesiones fueron obtenidas bajo mucha tortura, lo que hace que estas declaraciones sean poco confiables.[25]

50. ¿Es Bafomet representado por un carnero o una cabra, y ese era un símbolo de procreación y fecundidad?

Bafomet era y es considerado en círculos paganos y satánicos un símbolo de fuerza, virilidad, fertilidad y procreación.[26]

La versión que se usa actualmente en los círculos ocultistas fue dibujada en el siglo diecinueve por Elifas Levi (Alfonso Constantino) usando elementos de varias descripciones. Una cabeza de cabra, un cuerpo humano con patas y garras y con alas. Otra vez, esta versión de Levi no tiene ninguna conexión con el ídolo supuesto de la época de los Templarios.[27]

51. ¿Qué es el pentagrama?

El pentagrama es un símbolo religioso actualmente usado por los que se adhieren a grupos satánicos. Es una estrella de cinco puntas. El pentáculo solo se diferencia porque está encerrado en un círculo en un pentágono y es utilizado como un símbolo por los Wiccans.[28]

52. ¿Es cierto que fue el Vaticano el que "satanizó" el pentáculo?

Falso. Brown demuestra que no sabe nada de la evidencia histórica. El hecho es que muchos cristianos utilizaban el pentáculo. En el libro The Truth Behind the Da Vinci Code. (La Verdad Detrás del Código Da Vinci) se dice que durante la era medieval (Entre el año 1.100 y 1.500 después de Cristo los cristianos usaban el pentagrama como un recordatorio de las cinco heridas de Cristo: las manos, los pies, el costado, la espalda y la cabeza. También fue utilizado como símbolo de los "cinco libros de Moisés y de las cinco piedras usadas por David contra Goliat.

No hay nada que sea inherentemente bueno o malo en un símbolo. Su significado depende de quién lo esté usando y con qué propósito. Por ejemplo, un maestro puede marcar la tarea de un estudiante con una estrella (un pentáculo) para demostrar que el alumno hizo un buen trabajo. Dentro de este contexto, no hay nada demoníaco acerca del pentáculo. Pero cuando el fundador de la iglesia satánica necesitaba un símbolo para su religión allá por la década de los años sesentas, él escogió usar un pentáculo. Encontré en la Internet que algunos eruditos y fuentes paganas modernas dicen que fue un hombre ocultista francés que vivió en el siglo 17 el que dijo que el símbolo era demoníaco. En otras palabras fue un «pagano» el que satanizó el símbolo, no el Vaticano.[29]

53. ¿Se usaba el pentáculo hace 4000 años antes de Cristo?

Cierto. Así es.

54. ¿Se relacionaba el pentáculo con el culto de la naturaleza?

Así es, el pentáculo en su mínima expresión es utilizado por el ocultismo para adorar a la naturaleza. Sin embargo, si lo expresas de esa manera a un ocultista o pagano, es muy probable que tengas una larga charla enfrente de ti. Recuerda que en el área del ocultismo es difícil obtener una definición completa.[30]

55. ¿Qué es WICCA?

WICCA es una religión neo-pagana que se originó en la década de los cuarenta por un hombre llamado Gerald Garner.

Existe un excelente recurso en inglés si estás interesado en saber más de esa religión. (www.refugeministries.cc) También podrás leer el testimonio de una mujer excepcional, Annie Fintan.

56. ¿Qué son las cartas de Tarot?

Las cartas del Tarot son una baraja utilizada por aquellos que creen que pueden adivinar el futuro. Existen varias historias sobre su origen pero la mayoría se remontan a la edad media. El solo hecho que alguien te diga que puede adivinar tu futuro mediante una baraja es suficiente razón para que te des cuenta de que es toda una farsa.

DUDAS COMUNES

57. ¿Quién es Dan Brown?

Dan Brown nació el 22 de junio de 1964 en Exeter, New Hampshire, Estados Unidos. Estudió historia del arte en Sevilla. En 1998 escribe su primer libro llamado "Fortaleza Digital". Más adelante escribe "Ángeles y Demonios" y "Punto de Decepción". En el año 2003 publica el libro "El Código Da Vinci". Hasta la fecha ha vendido más de 40 millones de copias alrededor del mundo y el número continúa en aumento.[31]

58. ¿Existe una carrera en Simbología Religiosa?

Falso. Es solo un invento del autor para que el personaje Robert Langdon suene más creíble.

59. ¿Qué es un senescal?

El Diccionario de la Lengua Española dice la siguiente definición de un senescal: En algunos países, un mayordomo mayor de la casa real o también el jefe o cabeza principal de la nobleza, a la que gobernaba, especialmente en la guerra.[32]

60. ¿Es cierto que la pirámide del Museo de Louvre fue construida con 666 paneles de cristal por órdenes del presidente Mitterand?

Falso. Son 673 paneles.

61. ¿Se asocia la rosa con los mapas como guía?

Solamente porque existe un término llamado la "rosa de los vientos" o la "rosa náutica"

62. ¿Qué es la rosa de los vientos?

La rosa de los vientos es una herramienta de navegación que permitía guiar a los marineros mostrándoles la orientación de los ocho vientos principales, antes de la invención de la brújula.
La rosa de los vientos fue empleada en el siglo doce por los navegantes españoles e italianos, quienes identificaban su posición interpretando las coordenadas que los vientos indicaban sobre el diagrama en que estaban ubicados.[33]

63. ¿Por qué se llama rosa de los vientos?

El término "rosa" surge por los puntos de la figura de la brújula que asemejan los pétalos de esa famosa flor. Este tipo de brújula aparece en los mapas desde el siglo doce. [34]

64. ¿Existen 32 vientos?

Falso. En realidad solo hay ocho direcciones: Norte, sur, este, oeste, nor-este, sur-este, nor-oeste, sur-oeste. La idea surge más por los treinta y dos puntos que brotan de los ocho mayores vientos, los ocho medio vientos y los dieciséis cuartos vientos.[35]

65. ¿Qué es la flor de lis?

Esta flor tiene varias leyendas, unas muy descabelladas y otras interesantes, pero quizás la más importante tiene que ver con el uso de ella en la rosa de los vientos durante los tiempos de Cristóbal Colón.[36]

66-¿Qué conexión tienen los Boy Scouts con la flor de lis?

Cuando Baden Powell fundó los Scouts, pensó que era necesario tener un emblema que hiciera sentir a todos, la unión que debería existir en el movimiento, así es que adoptó la flor de lis como distintivo, usándola por primera vez en el campamento de Brownsea, en agosto de 1907. La insignia Scout fue tomada de la antigua brújula marina, en donde se designaba el norte mediante una flor de lis, similar a la nuestra.[37]

67. ¿Qué es un heterodoxo?

Una persona que no está conforme con la doctrina fundamental de una secta o de un sistema.[38]

68. ¿Es cierto que el termino paganus significa "habitante del campo"?

Aunque la palabra en latín significaba aldeano, la connotación que Dan Brown trata de expresar era que el término pagano era solo un término de humillación. Sin embargo, el término pasó a ser asociado con aquellos que eran idólatras o politeístas. Esta es la definición que le da el diccionario de la Real Real Academia Española: "Se dice de los idólatras y politeístas, especialmente de los antiguos griegos y romanos".[39]

69. ¿Eran las olimpiadas un tributo a Venus?

Falso. Las olimpiadas que conocemos comúnmente se iniciaron en Grecia y se hicieron en honor a Zeus.

70. ¿Es cierto que el pentáculo iba a ser el emblema de las olimpiadas?

Falso. No existe ninguna evidencia que apoye tan descabellada idea.

71. ¿Cuál es el simbolismo de los aros olímpicos?

La bandera olímpica fue diseñada por el Barón Pierre de Coubertín en 1913. En el centro hay cinco aros entrelazados (tres arriba y dos abajo), representando a los cinco continentes que participaron en unión, hermanados. Los cinco aros entrelazados son de distintos colores, representando el color amarillo a Asia, el azul a Europa, el negro a África, el verde a Australia y el rojo a América, simbolizando a los cinco continentes participantes. La bandera se utilizó por primera vez en los Juegos de París en 1914.[40]

72. ¿Quiénes son los rosacruces?

«Los rosacruces son una secta fundada por un hombre llamado Cristianus Rosenkreutz en el siglo catorce que mezcla la mitología pagana con el Judaísmo y el Cristianismo. También combina conceptos del hinduismo y el budismo ya que según sus lineamientos los rosacruces tratan de sintetizar los principios básicos de todas las religiones y absorberlas en un sistema principal. En otras palabras son una ensalada de religiones. Encontrarás grandes cantidades de simbolismo, antropología, transmigración y hasta espiritismo. Dentro de la teología de los rosacruces existen siete mundos con siete secciones o divisiones presididas en el nivel más alto por el "espíritu universal". Toda la naturaleza, según eso, está unificada y tiene una relación directa con la cruz que en realidad representa el pasado y el futuro evolutivo del hombre» (El fundador seguro estaba fumándose algo cuando se le ocurrió eso, jajaja).

Bueno, sigamos. «Según los rosacruces, el hombre progresa por el número místico "siete". Por ejemplo, a los siete años el hombre posee un cuerpo vital, a los catorce un cuerpo deseado, a los veintiuno una completa formación mental, etc.

Jesús, para los rosacruces era alguien que se manifestó para ayudar a la humanidad en su lucha evolutiva. O sea, que él junto con Buda y otros grandes líderes, fueron revelados para facilitar el progreso humano. El Padre es el más alto iniciado de Saturno. El Espíritu Santo de la Luna, pero ningún ser humano obtiene una redención por medio de ellos. Es el mismo ser humano quien lo logra a través de la reencarnación. En el laberinto de los rosacruces el ser humano debe tratar de llegar a uno de los tres cielos que se obtienen por medio del sufrimiento y el silencio y claro por medio de la reencarnación. Si alguna vez has oído hablar del cordel de plata, es en esa secta donde tiene su origen. Se supone que ese cordel es el que une el cuerpo físico o denso con el cuerpo espiritual. Cuando la persona muere ese cordel se rompe, soltando así la naturaleza espiritual de la física».[41]

Como ya has notado esa secta es muy complicada pero tal vez lo más sencillo de recordar es que son panteístas. En otras palabras, para ellos toda la realidad es parte de una expresión de la esencia de la naturaleza de Dios.

Todo es Dios y Dios es todo. Piénsalo, este tipo de concepto, llevado al extremo de la lógica quiere decir que hasta un moco es Dios.¿No te parece absurdo?

73. ¿Qué es Hieros Gamos?

Viene del griego "hieros" santo y "gamos" apareamiento.

Hieros Gamos o Hierogamia significa apareamiento de un dios y un ser humano, de manera simbólica frecuentemente. Es un ritual antiguo donde los participantes creían que ellos podrían obtener una experiencia religiosa profunda a través del coito. [42]

74. ¿Existe una Real Sociedad de Historiadores?

Cierto. En Inglaterra existe la Royal Historical Society

75. ¿Qué son las gárgolas y por qué les pusieron ese nombre?

Aunque suene muy tenebroso, la palabra gárgola solo significa "canalón saliente" y eran un sistema de drenaje. Aquí hay una referencia interesante a estas obras arquitectónicas:

El concepto de una proyección decorativa a través de la cual el agua era expulsada del edificio era conocido desde la antigüedad, siendo utilizado por egipcios, griegos, etruscos y romanos.

Mientras que los griegos tenían una especial afinidad por las cabezas de león, fueron los romanos los que utilizaron estos canalones decorativos con abundancia, tal y como lo demuestran los ejemplares de la ciudad de Pompeya, conservados intactos hasta la actualidad pese a la capa de lava que los cubrió durante la erupción del Vesubio, en el primer siglo de Nuestra Era. Durante la Edad Media, las gárgolas se utilizaron como desagües y sumideros a través de los cuales se expulsaba el agua de la lluvia, evitando que cayera por las paredes y erosionara la piedra. Es esta la utilidad a la que se refieren todos los idiomas europeos, cuando idearon palabras para designar estos apéndices arquitectónicos: En italiano "gronda sporgente", frase muy precisa, arquitectónicamente hablando, que significa "canalón saliente"; en alemán "Wasserspeider", que describe lo que una gárgola puede hacer, esto es, escupir agua; en español "gárgola" y en francés "gargouille", que derivan del latín "gargula", garganta; o en inglés "gargoyle", derivado de los dos anteriores. Las primeras gárgolas aparecen a comienzos del siglo doce. Es en la época del gótico, concretamente durante el siglo trece, cuando se transforman en el sistema predilecto de drenaje, si bien no todas ellas tenían esta utilidad. Parece que los primeros ejemplos góticos de gárgolas son las que se pueden observar en la Catedral de León, seguidas de las que pueblan Notre-Dame de París.[43]

76. ¿Cuál es el origen del Santo Grial?

Primeramente, debes saber que el Santo Grial no se menciona en ningún lugar de la Biblia. La mención más antigua que se conoce se encuentra en una novela oscura titulada Perceval escrita por Chrestien de Troyes alrededor del año 1.100, más de 1.000 años después de Cristo. Se supone que hay una tradición que dice que el Santo Grial es la copa que Jesús usó en la Última Cena. Otra tradición dice que en esa copa se guardó la sangre de Jesús. Ahora bien, usemos la lógica, si esa copa hubiera sido importante para los cristianos, ¿no crees que la iglesia misma la hubiera proclamado a los cuatro vientos? Por supuesto que lo hubieran hecho.

77. ¿Realmente José de Arimatea recogió la sangre de Cristo en un cáliz?

Falso. Bueno, para ser más abiertos, la respuesta debería ser: Muy poco probable. Una de las cosas que enseñaban los rabinos era no tener imágenes delante de ellos. Tiene muy poco sentido que un líder del Sanedrín, como lo era José de Arimatea, retuviera una copa y guardara sangre de Jesús allí. Con respecto a de donde salió la leyenda se puede decir que la historia se basa en una serie de leyendas compuestas entre los años 1.170 y 1.212 después de Cristo. Quizás la más conocida es la trilogía métrica de Robert de Borón de la cual se conserva solamente la primera parte, "Joseph d'Arimathie", y un fragmento de la segunda, "Merlin".[44]

78. ¿Fue José de Arimatea tío de Jesús?

Falso. La conjetura se basa en un documento apócrifo llamado Acta Pilati (Los Hechos de Pilato) con ninguna verdadera base histórica.

79. ¿Hay evidencia de que se haya visto el grial en 1447?

Existen las mismas probabilidades de que Elvis Presley se encuentre vivo en las Vegas.

80. ¿Es cierto que el Cristianismo ha denigrado a la mujer?

Falso. El Cristianismo sigue el mensaje de Jesús y su mensaje es que Dios las creó y las ama al igual que al hombre. Si el Cristianismo ha sido tan anti-femenino como Brown lo trata de expresar en la novela, ¿por qué no se deshicieron de todos los versículos que honran a la mujer? Ejemplo: Proverbios 31 y las mujeres que fueron pilares en la fe como Rut, Ester, Débora, Lidia, Priscila, Febe entre muchas más.

81. ¿Pone la Biblia por el suelo a la mujer?

Falso. Todo lo contrario. En medio de la sociedad en que vivían, la Biblia le recuerda al hombre que la mujer fue creada por Dios y debe ser tratada como tal. Dan Brown trata de mostrar que el Cristianismo del Nuevo Testamento denigraba a las mujeres. Dos cosas muy importantes: Primero, la Biblia utiliza a la mujer como testigo principal del evento más grande de la historia de la humanidad: La resurrección de Cristo. Segundo. Las otras sociedades paganas de la época tenían un concepto de la mujer verdaderamente humillante. Por ejemplo, en Grecia, India y China, las mujeres no tenían derechos y se les consideraba como propiedad de los esposos.

Aristóteles pensaba que la mujer se encontraba en alguna escala entre el hombre y el esclavo. Platón pensaba que si un hombre había sido un cobarde en su vida, se reencarnaría en una mujer.

82. ¿También los judíos trataban mal a las mujeres?

Así es. Tal como lo hace la sociedad en que vivimos, pero ese no es el deseo de Dios para las mujeres. En el libro a los Gálatas se dice que: "Ya no hay judío ni griego, ni esclavo ni libre, no hay varón ni mujer; porque todos vosotros sois uno en Cristo Jesús" Gálatas 3:28

83. ¿Consideraba Jesucristo a la mujer inferior al hombre?

Falso. Él siempre le dio su lugar a la mujer y le demostró su amor.

84. ¿Comió Eva una manzana?

Falso. Solo tienes que leer el libro de Génesis para darte cuenta que la Biblia no aclara el nombre del fruto prohibido.

85. ¿Es cierto que el Cristianismo ve el sexo como algo malo?

Falso. Es ilógico que Brown diga algo así cuando fue Dios mismo el que creo el sexo y basta con leer la Biblia para encontrar la importancia que Dios le da al sexo dentro de los límites saludables del matrimonio.

86. ¿Era Jesús un feminista?

Falso. Y tampoco era un machista. Si creemos que la definición de la palabra "feminista" quiere decir que Jesús consideraba que la mujer es mejor, más inteligente, y debe dominar al hombre, entonces la respuesta es totalmente no. Jesús durante su ministerio terrenal hizo cosas que eran contrarias a la cultura de la sociedad de la época. Por ejemplo, Él dialogaba con mujeres, algo que de acuerdo con la cultura, era indebido (la mujer samaritana); perdonó a una mujer atrapada en adulterio, etc. Recuerda que Él creó a la mujer. Sería ilógico pensar que Él las tratara de manera irrespetuosa o que no las comprendiera.

87. ¿Es cierto que el pentáculo está dibujado en los aviones de ataque y aparece en los galones de los generales?

Falso. Tal como te lo dije antes, debemos hacer la diferencia entre el símbolo que Dan Brown quiere presentar en su novela y cualquier estrella de cinco puntas.

En el caso de las estrellas de cinco puntas de la Fuerza Aérea, la estrella de cinco puntas tiene un significado muy especial. El manual de la Fuerza Aérea de los Estados Unidos dice lo siguiente acerca de ella:

«La estrella tiene varios significados. Sus cinco puntas representan los componentes de nuestra fuerza y familia:
- 1. Servicio Activo
- 2. Civiles
- 3. Guardia
- 4. Reserva
- 5. Pensionados

La estrella simboliza el espacio como el terreno de la fuerza aérea y espacial de nuestra nación. También representa la corporación oficial, una parte esencial de nuestro liderazgo de combate.[45]

88. ¿Es cierto que Noé era albino?

Falso. No existe ninguna evidencia de que Noé lo fuera. Brown toma eso de un libro seudo-epígrafe llamado Enoc. La cita se encuentra en 1 Enoc 106:2.

89. ¿Piensan los fieles a sus religiones que lo que creen es solo una metáfora?

Falso. Dan Brown no ha visto los periódicos últimamente. Los insurgentes suicidas que se ponen una bomba en su cintura para luego hacerse estallar en medio de otras personas, lo hacen porque ellos creen que al hacer eso están rindiéndole adoración a Alá. Por ejemplo, el ataque a las Torres gemelas. También los que fueron envenenados en Guyana creían que las palabras de Jim Jones eran verdaderas. La secta japonesa que lanzó químicos destructivos en un tren subterráneo, consideraba que lo que hacían les traería una recompensa en el más allá. Y las que recordamos más recientemente son una muestra clara que los seguidores de muchas religiones consideran sus creencias totalmente verdaderas.

90. ¿Es bueno para los seres humanos vivir creyendo en mentiras?

Falso. ¿Crees que sería bueno para tu amigo creer que el pederasta con quien chatea en la Internet es solo otro internauta más? ¿Crees que sería bueno para tu amiga pensar que su tío le está demostrando cariño mientras la viola solo porque ella se siente rechazada por los demás? ¡Por supuesto que no! Si alguien se cree las mentiras de una secta, es nuestro deber demostrarle su falsedad. Si alguien se cree las mentiras de la novela, nosotros debemos demostrarle su falsedad.

91. ¿Es bueno tratar de demostrar si hay falsedad en un documento?

Claro, eso es lo que estamos haciendo ahora.

92. En la página 422, Sophie da la definición estricta de lo que es la fe:

«La aceptación de lo que imaginamos verdadero pero que no podemos demostrar». ¿Es cierta esa definición?
Falso. La mejor definición la dio el Espíritu Santo a través de la carta a los Hebreos:

« La fe es la garantía de lo que se espera, la certeza de lo que no se ve». Para ponerlo más fácil, la fe es esa característica de estar seguro de que lo que viene más adelante en tu vida no sucede por accidente y que aunque no ves a Dios de manera visible, Él se muestra poderoso a través de los eventos que te suceden y controla el resultado final.

93. ¿De cuáles evidencias científicas habla la novela que demuestran que la versión de la historia de Jesús no es exacta y que todo es un invento?

De ninguna. Brown se basa en otros libros que no tienen ningún fundamento histórico real.

La siguiente es la lista de libros de donde saca su trama. Recuerda que ninguno de estos libros ha pasado el escrutinio académico e histórico:

a) The Gnostic Gospels (Los evangelios gnósticos) de Elaine Pagels. Las demás son historias esotéricas populares; b) The Templar Revelation: Secret Guardians of the True Identity of Christ (La revelación de los Templarios: Guardianes secretos de la verdadera identidad de Cristo) de Lynn Picknett y Clive Prince; c) Holy Blood, Holy Grail (El enigma sagrado) de Michael Baigent, Richard Leigh, y Henry Lincoln; d) The Goddess in the Gospels: Reclaiming the Sacred Feminine (La diosa en los evangelios: reclamando la divinidad femenina) y e) The Woman with the Alabaster Jar: Mary Magdalene and the Holy Grail (La mujer con el jarro de alabastro: María Magdalena y el Santo Grial), ambos de Margaret Starbird. Otra influencia, por lo menos en segundo plano, es: The Woman's Encyclopedia of Myths and Secrets (La enciclopedia femenina de mitos y secretos) de Barbara G. Walker

94. ¿Se mataron 5 millones de mujeres durante 300 años de inquisición?

Falso. Si analizas historiadores serios encontrarás que las cifras por causa de ejecución fueron entre 30.000 y 80.000 personas por brujería. No todas fueron quemadas. No todas eran mujeres. Y la mayoría no murieron a manos de oficiales de la Iglesia, ni siquiera de católicos. La mayoría de víctimas fue en Alemania, coincidiendo con las guerras campesinas del siglo dieciséis y diecisiete. Cuando una región cambiaba de denominación, abundaban las acusaciones de brujería y la histeria colectiva. Los tribunales civiles, locales y municipales eran especialmente entusiastas, sobre todo en las zonas calvinistas y luteranas.

De todas formas, la brujería ha sido perseguida y castigada con la muerte por egipcios, griegos, romanos, vikingos, etc. El paganismo siempre mató brujos y brujas. La idea del neopaganismo feminista de que la brujería era una religión feminista pre-cristiana no tiene base histórica. [46]

OPUS DEI Y EL VATICANO

95. ¿Es cierto que el Vaticano existía en el siglo IV?

Falso. El Vaticano se convirtió en 1929 en el Estado independiente más pequeño e influyente del mundo. [47]

(Brian Finnerty. Director de comunicaciones de la institución Opus Dei de los Estados Unidos conversó conmigo y las siguientes son sus respuestas a las preguntas 96 a la 120)

96. ¿Existe algún monje albino en el Opus Dei que se llama Silas?

Falso.

97. ¿Hay monjes en el Opus Dei?

Falso. Esta institución está formada por laicos.

98. ¿Qué es el Opus Dei?

Opus Dei es una institución de la iglesia católica que enfatiza en las personas que todos, no-solo los sacerdotes deben vivir el evangelio y que se puede encontrar a Cristo en nuestras vidas diarias.

99. ¿Qué significa Opus Dei?

Es una frase en latín que significa "obra de Dios" "Opus" significa obra y "Dei" significa Dios.

100. ¿Hay miembros del Opus Dei en cada país del mundo?

Existe un promedio de 86.000 miembros de Opus Dei en 60 países del mundo.

101. ¿Cómo se hace miembro una persona del Opus Dei?

Para hacerse miembro de la institución, una persona debe asistir a las conferencias y a las actividades donde se le anima a vivir de una forma verdadera la relación con Cristo. En otras palabras, que haya tiempo en oración cada día, lea el evangelio y que refleje a Cristo en sus actividades diarias. Si la persona siente el deseo de unirse al Opus Dei, escribe una carta y luego comienza una serie de estudios sobre la enseñanza católica. Después de un año y medio esta persona puede decidir si desea dedicar un año completo de su vida a las enseñanzas del Opus Dei y luego de otros 5 años, esa persona puede hacer un compromiso formal de que desea ser miembro activo del Opus Dei. El proceso parece largo pero la intención es que la persona esté segura del compromiso que haga y lo haga sin ninguna presión.

102. ¿Solo hombres pueden ser miembros del Opus Dei?

Falso. Hay muchas mujeres que son miembros del Opus Dei.

103. ¿Reclutan en el Opus Dei?

Falso. El propósito del Opus Dei es ayudarles a las personas a acercarse a Dios, no obtener nuevos miembros.

104. ¿Se hieren físicamente los miembros del Opus Dei?

Falso. Se utiliza una forma de incomodidad física de manera voluntaria. Mediante algún instrumento que cause una molestia física pero nunca al punto de una lesión.(Nota del autor: Debo agregar que no estoy de acuerdo con esa práctica).

105. ¿Queda la oficina principal del Opus Dei en 243 Lexington Avenue, New York?

Falso. La oficina central está en Roma. Sin embargo, la oficina principal en Estados Unidos si se encuentra en New York.

106. ¿Tiene el Opus Dei una oficina en Londres?

Cierto.

107. ¿Es cierto que las oficinas principales valen más de 47 millones de dólares?

Cierto. No obstante se debe recordar que ese es el precio de los edificios generalmente en Manhatan.

108. ¿Existe una entrada especial para las mujeres y otra para los hombres y deben estar separados siempre?

Falso. Existe la entrada principal donde hombres y mujeres pueden entrar. También existe en el edificio áreas de actividades para hombres y otras áreas para mujeres. El edificio se utiliza también como centro de retiros y por lo tanto debe tener dormitorios para mujeres y otra sección de dormitorios para hombres.

109. ¿Es cierto que las mujeres limpian las estancias de los hombres cuando ellos están en misa?

Falso. La novela de Dan Brown trata de representar una segregación de géneros con fines de humillación. Aun cuando la mayoría de las personas que optan por hacer la labor de la limpieza en ese edificio son mujeres, no está exento para los hombres participar en esa forma de servicio.

110. ¿Duermen las mujeres en camas de madera sin colchón mientras los hombre duermen en camas de colchón de paja.

Falso. Algunos de los hombres y las mujeres que sirven en el Opus Dei, utilizan el dormir en el piso o encima de una tabla de madera como una forma de incomodidad física. No todos y la decisión es de cualquiera de ambos géneros.

111. ¿Se les considera a las mujeres más culpables por el pecado original?

Falso. Los miembros del Opus Dei comprenden que el pecado tuvo que ver con la desobediencia de ambos, el hombre y la mujer, y nunca depositan la culpa solo en la mujer.

112. ¿Existe un libro de Josemaría Escrivá llamado "Camino" y consiste en 999 máximas de meditación?

Cierto. Es un libro de guía y meditación para todo el mundo.

113. ¿Existe el sitio www.odan.org en la Internet?

Este sitio realmente existe y fue creado por dos mujeres. Una de ellas fue miembro de la institución del Opus Dei, la otra es la madre de ella. Ambas se unieron para difamar a la institución luego de alejarse de ella. Lo importante aquí es que en los últimos veinte años, ellas han sido las únicas que difaman al Opus Dei.

Otras personas que se han alejado del Opus Dei, lo han hecho porque han descubierto que Dios los estaba dirigiendo en otra dirección pero nunca han calumniado a esa institución.

114. ¿Qué relación tiene el Opus Dei con la Iglesia Católica?

El Opus Dei es una institución de apoyo para la iglesia católica en su deseo de que la humanidad conozca el amor de Dios.

115. ¿En 1982 el Opus Dei le ayudo a la Banca Vaticana?

Falso. No hay ninguna evidencia de ello.

116. ¿Cuándo se les concedió al Opus Dei el estatus de Prelatura?

El estatus de Prelatura les fue otorgado en el año de 1982.

117. ¿Qué significa prelatura?

Es una institución católica que funciona para ayudar a los laicos a servir a Dios.

118. ¿Decía el padre Josemaría Escrivá la frase: "El dolor es bueno"?

Falso. Nadie cercano al padre Josemaría Escrivá le oyó decir esa frase de la forma en que Dan Brown quisiera que el lector lo comprendiera.

119. ¿En la página 45 de la novela se mencionan varios incidentes en los que se involucra al Opus Dei como victimario. ¿Hay evidencias de que estas cosas sucedieron?

Falso. No hay ninguna evidencia, ni registro de que esas cosas sucedieron.

120. ¿Sigue el Opus Dei la misma doctrina de la iglesia católica?

Cierto. El Opus Dei afirma y apoya las enseñanzas de la iglesia católica.

121. ¿Existe un conservador en el Museo de Louvre que se llame Jacques Sauniere?

Falso. El nombre es tomado de la historia de un sacerdote corrupto llamado Sauniere que explotaba a la gente vendiendo indulgencias.

122. ¿Quién es el sacerdote Sauniere?

No te confundas con el conservador del museo en la novela.
El sacerdote Sauniere es el protagonista de una leyenda francesa acerca de un sacerdote que encontró algo (según Pierre Plantard, encontró los documentos secretos del Priorato) que hizo que el Vaticano le diera mucho dinero por ello.

123. ¿Pero el sacerdote Sauniere se hizo rico?

Sí, pero por poco tiempo y no por tener documentos del supuesto "priorato".
Más bien, se hizo rico por andar vendiendo oraciones para los difuntos. Su fortuna no duró mucho porque pronto lo suspendieron del púlpito. [48]

Creo que eso deberían hacer con esos charlatanes que salen por la televisión engañando a la gente con sus manipulaciones.

TEMPLOS Y CABALLEROS TEMPLARIOS

124. ¿Es cierto que la línea de bronce que se encuentra en el obelisco de la iglesia de Saint Sulpice es un código secreto de una indicación de donde se encontraba el cáliz sagrado?

Falso. La línea de bronce que cruza el obelisco es simplemente una marca solar astronómica.

No coincide con el meridano que cruza en Paris y nunca ha sido llamada: la línea rosa. De hecho es totalmente falso que el meridano principal cruce desde Saint Sulpice hasta el templo de Rosslyn. [49]

125. ¿Existe una iglesia en Paris llamada Saint Sulpice?

Cierto.

126. ¿Significa el símbolo "SP" en la iglesia de Saint Sulpice un código del Priorato de Sión?

Falso. "S P" son las iniciales de los dos santos patronos de la iglesia de Saint Sulpice, Pedro y Sulpicio.

127. ¿Alguna vez el meridiano cero pasaba directamente por Paris y atravesaba la iglesia Saint Sulpice?

Falso. Solamente en leyendas sin fundamento se oye hablar de esto. La verdad tiene que ver con la definición científica.

Esta es su definición: "El meridiano de Greenwich es el semicírculo imaginario que une los polos y pasa por Greenwich, más precisamente por el antiguo observatorio astronómico de este suburbio de Londres. Sirve de meridiano de origen. Es a partir de él que se miden las longitudes, (en grados), es decir que corresponde a la longitud cero, por lo que también se llama meridiano cero y primer meridiano. Se adoptó como referencia en una conferencia internacional celebrada en 1884 en Washington auspiciada por el presidente de los E.U.A., a la que asistieron delegados de 25 países".[50]

128. ¿Fue en 1888 que se decidió que Greenwich era el lugar donde pasaría el meridiano cero?

Falso. Primeramente nunca fue cambiado de lugar. Así que no había otro lugar antes que la gente lo denominara meridiano cero. Segundo, fue en 1884 cuando se hizo de forma expresa que había que usar una señal de referencia para determinar el origen de las longitudes. [51]

129. ¿Es cierto que hay una conexión entre Jesús y la dinastía Merovingia?

Falso. Lee las palabras de Margaret Starbird: "No conozco ninguna prueba de una línea consanguínea que hubiera sobrevivido en la dinastía merovingia. Todo lo que tenemos son leyendas y las genealogías no siempre son sólidas".[52]

(Deseo aclararte que esta mujer, Margaret Starbird es la autora de un libro que apoya la teoría de que Maria Magdalena era la esposa de

Jesús, pero cómo pudiste notar, hasta ella misma tiene que ser realista ante la falta de evidencia histórica).

130. ¿Por qué los cruzados usaban una cruz roja en su ropa?

Encontrarás en cualquier libro de historia que las cruzadas se iniciaron para atacar a los turcos que habían capturado la ciudad de Jerusalén. Los turcos eran musulmanes en su religión y la iglesia queriendo recuperar la ciudad de Jerusalén formó lo que conocemos como los cruzados. Vestían una cruz roja representando la cruz del Cristianismo.

131. ¿Usaban los cruzados una cruz griega en sus uniformes?

Falso. Más bien era la cruz de Jerusalén. "La Cruz de Jerusalén surgió como escudo de armas del reino de Jerusalén (establecido en el año 1.098 después de Cristo) cuando la primera cruzada recuperó Jerusalén".[53]

132. ¿Cómo era la cruz que llevaban los cruzados?

"Una cruz grande central con cuatro cruces griegas, una entre cada brazo de la mayor. Un total de cinco cruces".[54]

133. ¿Cuál era su simbolismo?

Se conocen dos interpretaciones populares:
- 1. Un total de cinco cruces representan las cinco llagas de Jesucristo al ser crucificado: Dos manos, dos pies y el costado traspasado.
- 2. La cruz grande simboliza a Jesucristo y las cuatro pequeñas simbolizan los cuatro evangelios proclamados en las cuatro esquinas de la tierra, comenzando en Jerusalén.[55]

134. ¿Es cierto que el rey Dagoberto II estaba relacionado con la línea sanguínea de Jesús?

Falso. Dagoberto II si existió pero no hay ninguna prueba de que tuviera algún parentesco sanguíneo con Jesús o María Magdalena.

135. ¿Qué son los Caballeros Templarios?

Son una orden monástica militar formada al final de la primera cruzada con el mandato de proteger a los peregrinos cristianos que se encaminaban hacia la Tierra Santa. Fueron establecidos en el año 1.118 después de Cristo. Nunca antes se había formado un grupo de caballeros seculares que tomaran votos monásticos. En este sentido fueron los primeros monjes guerreros. Los Templarios lucharon al lado del rey Ricardo I de Inglaterra ¿Recuerdas a Ricardo «Corazón de León»? Ese exactamente. Además de otros cruzados en las batallas por las tierras santas.

136. ¿Fueron los Caballeros Templarios creados por una orden medieval llamada el Priorato de Sión?

Falso. No hay ninguna evidencia histórica de alguna conexión entre la orden medieval de los Caballeros Templarios y lo que se ha llamado el Priorato de Sión.[56]

137. ¿Fue Godofredo de Bouillon quien fundó la orden de los Caballeros Templarios?

Falso. Godofredo murió en el año 1.100 después de Cristo y los Templarios fueron fundados en el año 1.118 después de Cristo

138. ¿Se unió el papa Clemente V con el rey Felipe IV para matar a los caballeros templarios?

Falso. En realidad, la iniciativa para acabar con la Orden de los Templarios vino del Rey Felipe el Hermoso de Francia, cuyos oficiales los arrestaron en el año 1307. Unos 120 Templarios fueron quemados por juzgados locales de la inquisición en Francia por no confesar o por no retractarse de una confesión, como ocurrió con el Gran Maestro, Jacques de Molay. Hubo pocos Templarios que sufrieron la muerte en otros lugares, aunque su orden fue abolida en el año 1312. Clemente V, un francés débil y enfermizo, manipulado por su rey, no quemó a nadie en Roma, ya que fue el primer Papa que reinó en Aviñón. [57]

139. ¿Es cierto que era la Iglesia Católica la que mandó a matar a los Templarios para callar la verdad sobre María Magdalena?

Falso. Más bien la iglesia católica trató de intervenir en el juicio que el rey Felipe IV inició contra ellos. El final de los Templarios no fue una ventaja para la iglesia católica sino más bien, una señal de cómo la iglesia iba declinado en lo que respecta a su poder y marca la elevación de los reyes por encima de los papas. [58]

140. ¿Es cierto que los Caballeros Templarios fueron a recuperar los documentos del Sangreal debajo del Templo de Salomón?

Falso. Eso hubiera sido un truco increíble pues ese templo fue destruido en el año 586 después de Cristo, mucho tiempo antes de los Templarios. [59]

141. ¿Fue construida la Capilla Rosslyn en Edimburgo por los Caballeros Templarios en 1446?

Falso. Los Templarios no tenían nada que ver con las catedrales de su época, las cuales fueron un encargo de los obispos y sus canónigos a lo largo de Europa. Eran hombres incultos, sin ningún conocimiento secreto de la "geometría sagrada", heredado de los que edificaron las pirámides. Ellos no manejaban las herramientas para sus propios proyectos, ni tampoco fundaron gremios de masones para construir de parte de otros. No todas las iglesias eran redondas, ni fue la redondez un insulto que desafiaba a la Iglesia. [60]

142. ¿Es cierto que los templos construidos en esa época eran un tributo a la divinidad femenina?

Falso. Más que un tributo a la divinidad femenina, las iglesias redondas honraban la iglesia del Santo Sepulcro. Pero si realmente miramos las iglesias góticas y las anteriores, esta idea de la simbología femenina se desvanece. Las grandes iglesias medievales tenían típicamente tres puertas principales al lado occidental, además de entradas triples a sus cruceros en el norte y en el sur. (¿Qué parte de la anatomía femenina está representada en el crucero? ¿O en el retorcimiento de la nave lateral de Chartres?) Las iglesias románicas—incluso las que datan de antes de la fundación de los Templarios—tienen bandas similares de adornos que forman un arco por encima de las entradas. Tanto las iglesias góticas como las románicas tienen una nave larga y rectangular, una influencia de las basílicas antiguas más recientes, y algo que tuvo su origen en los edificios públicos romanos. Ni Brown ni sus fuentes consideran el posible simbolismo interpretado por los eclesiásticos medievales como Suger de St. Denis o de William Durandus respeto al diseño eclesiástico. Desde luego, este simbolismo no fue el del culto a las diosas.[61]

LEONARDO DA VINCI

143. ¿Quién era Leonardo Da Vinci?

La historia nos cuenta que Leonardo Da Vinci nació en 1452, y ya que era un hijo ilegítimo él no pudo llevar el apellido de su padre y por eso lleva el apellido Da Vinci que indica que nació en la ciudad de Vinci en Italia.

De niño fue enviado a Florencia a trabajar con los pintores de la época y allí aprendió a pintar. Fue hasta varios años después que el duque de Milán, Ludovico, lo comisiona para que pinte la pintura La Ultima Cena en el comedor de un monasterio dominico.

144. ¿Era Leonardo Da Vinci un gran religioso?

Falso. Más bien él solo utilizaba las pinturas religiosas que era lo común en su tiempo para expresar su arte.

145. ¿Por qué hizo La Ultima Cena y otras pinturas religiosas?

La única razón por la cual hizo la pintura de La Última Cena fue porque el duque de Milán le mando a hacerla para que los frailes tuvieran algo agradable que ver mientras comían. Y sus otras pinturas religiosas solo para expresar su arte. No olvides que en esa época esas pinturas eran la norma.

146. ¿Es cierto que La Última Cena es un "fresco"?

Falso. El método de Leonardo en su obra, La Última Cena, no tuvo precedente. La Última Cena no es un fresco.
La concentración intensa de Da Vinci y su manera de ejecutar sus obras no calzaban con la manera común de la pintura mural, en la que el pigmento tenía que ser aplicado rápidamente antes de que

el yeso se secara, evitando cualquier cambio durante el curso de su ejecución.

En lugar de un fresco, Leonardo inventó su propia técnica para pintar un mural, una variación de tempera en piedra.[62]

147. ¿Era la pintura de La Última Cena un retrato sobre la institución del sacramento?

Falso. Este mural va en otra dirección, conformándose a los retratos florentinos tradicionales, enfatizándose en la traición de Judas y el sacrificio de Jesús. No tiene que ver con la institución de la Eucaristía y el cáliz. [63]

148. ¿Qué significa la daga en la pintura de Da Vinci de la Última Cena?

"La daga en el lado izquierdo de la pintura de Da Vinci sobre La Última Cena es la daga de San Bartolomé. Uno de los doce discípulos que fue despellejado vivo y así murió como mártir".[64]

149. ¿Es cierto que María Magdalena es la que aparece sentada junto a Jesús en la pintura de La Última Cena?

Falso. Es Juan quien siempre aparece con un rostro sin barba pues era el discípulo más joven. El historiador de arte David Nolta nos dice que la mayoría de los pintores de la época pintaron a Juan como alguien de un rostro liso y sin barba pues era el discípulo más joven. [65]

150. Dan Brown dice en la novela que son muy claras las curvas de una protuberancia en el pecho de quien está al lado de Jesús en la pintura de la Última Cena ¿demuestra ésto que es María Magdalena?

Mira la pintura tú mismo y te darás cuenta que no es así. Pero si esto no te satisface tal vez las palabras de George Gorse si lo hagan: "Leonardo Da Vinci, al igual que todos los artistas, introdujeron símbolos en sus obras de arte para que el público los reconocieran por su significado visual, pero no eran símbolos heréticos incluidos en las obras de arte. En el período del Renacimiento hay un número de pinturas acerca de la última cena, muchos ejemplos de ellas. Juan, el evangelista, siempre está al lado de Cristo. Juan, el evangelista, siempre fue pintado con figuras suaves y femeninas. Tenía cabello largo, un rostro hermoso y de ninguna manera su retrato puede ser concebido como una María Magdalena escondida".[66]

151. ¿Dónde está el cáliz sagrado?

Nadie lo sabe y es mejor así, si no pronto veríamos tele evangelistas charlatanes vendiendo agua vertida por ese cáliz.

152. ¿Es el cáliz sagrado una copa que tiene poderes especiales?

Falso. Solo son supersticiones. No olvides que Dios no comparte su gloria con nadie tal como lo dice el libro Isaías 48: 11. En otras palabras Dios es muy enfático en que no hay nadie ni nada más a quien tú y yo debamos adorar.

153. ¿Es cierto que se puede encontrar la letra M y la V en el mural de La Última Cena?

Falso. Cualquier persona puede encontrar las letras que quiera. El historiador de arte David Nolta al ser entrevistado dijo lo siguiente:

"Yo le digo a mis estudiantes que uno puede encontrar casi cada letra del alfabeto en esta pintura. Uno puede hacer una W si la pones de cabeza" Y cuando el entrevistador de la NBC, Stone Phillips le preguntó si eso era algo intencional por parte de Da Vinci, Nolta le contestó: "De ninguna manera, pues lo mismo podría decir la gente de nosotros al ver el video de esta entrevista. Al ver la forma en que estamos sentados, alguien podría imaginar la letra V en nuestra silueta y decir que nosotros somos vegetarianos y promulgamos el vegetarianismo".[67]

154. ¿Quién era la Mona Lisa?

La Mona Lisa era Madonna Lisa, esposa de Francesco di Bartolomeo del Giocondo.

155. ¿Qué es un anagrama?

Un anagrama es una transposición de las letras de una palabra o sentencia, de la que resulta otra palabra o sentencia distinta.[68]

Ejemplos: "Jarabe" puede ser escrito "rebaja", "conversación" puede convertirse en "conservación". La palabra "enérgicamente" puede ser leída "genéricamente" y que tal esta: "armoniosamente" que puede convertirse en "enamoramientos".

156. ¿Realmente la palabra Mona Lisa es un anagrama que significa la divina unión de lo masculino con lo femenino?

Falso. Era solo el nombre de la esposa de Francesco di Bartolomeo

157. ¿Es cierto que la pintura de La Última Cena se mantiene igual que cuando la pintó Da Vinci?

Falso. El mural fue pintado desde 1495 hasta 1497 en una de las paredes del comedor del convento de Santa María de la Gracia en Milán, Italia. La pintura mide 8.8 metros de largo y 4.6 metros de altura. La pintura se deterioró rápidamente en 1518, unos 20 años después de que fue completada. Y para 1568. Giorgio Vasar, un pintor, arquitecto y escritor describió la pintura como: "Tan mal preservada que lo único que uno podía ver era un montón de manchas". En 1587, un pintor llamado Giovanni Batista Armenini reportó que La Última Cena estaba "medio destruida". En 1642, solo 150 años después de haberse pintado, Francisco Scanelli, un doctor y pintor aficionado, visitó la pintura y luego informó: "se encontraba tan borrosa que era difícil distinguirla". Él siguió diciendo que la pintura había y seguía sufriendo vandalismo, condensación, pudrición, moho y se estaba descascarando. Para el año en que se restauró por primera vez, 1726, la pintura estaba casi irreconocible.[69]

158. ¿Escribía al revés Da Vinci?

Así es, pero no porque estuviera intentado hacer códigos, más bien es probable que él fuera disléxico o tenía otra dificultad de percepción.

159. ¿Es cierto que el ángel Uriel en la pintura la Virgen de las Rocas está haciendo un gesto con la mano de que quiere cortarle la cabeza a Juan el Bautista?

Falso. La descripción de la pintura dice que el ángel está simplemente señalando a Jesús hacia Juan el Bautista, como apuntado al tiempo en que Jesús iría a Juan el Bautista para ser bautizado. Esto es algo común en el arte renacentista.[70]

EL PRIORATO DE SIÓN

160. ¿Qué es el Priorato de Sión?

En 1956, una organización llamada «El priorato de Sión» quedó registrada en la oficina de registros de St Julien en Genevois, Francia. Sus cuatro oficiales fueron Andre Bonhomme, presidente; Jean Delaval, vicepresidente; Pierre Plantard, secretario general; y Armand Defago, tesorero. No se sabe si esta organización continuó existiendo tras la renuncia en 1984 de Pierre Plantard, quien se había convertido en Gran Maestre. El primer presidente Andre Bonhomme hizo esta declaración en un especial de la BBC de Londres sobre este grupo misterioso en 1996: « El priorato de Sión ya no existe. Nunca estuvimos involucrados en actividades políticas. Solo éramos cuatro amigos que se reunían para divertirse. Nos llamamos priorato de Sión porque había una montaña aledaña con el mismo nombre. No he visto a Pierre Plantard en más de 20 años ni sé a que se dedica, pero él siempre ha tenido una gran imaginación. No sé porque la gente trata de hacer algo tan grande de algo tan insignificante». La afirmación de que el Priorato se remontaba al período de las cruzadas es muy dudosa. Hubo una Orden de Sión en el período medieval que tuvo conexiones con una abadía, pero no hay evidencias contundentes de que estuviera vinculada con los Caballeros Templarios. [71]

161. ¿Era Leonardo Da Vinci parte del Priorato de Sión?

Falso. Esa organización no existió hasta el año 1956 y la única evidencia que se ofrece de esta organización anteriormente no es un documento confiable.

162. ¿Es cierto que el Priorato de Sión ha preservado miles de documentos como "persuasivas pruebas científicas que demuestran que la versión de la historia de Jesús que propone la iglesia no es exacta"?

Falso. No existen tales documentos. Son puras invenciones de la novela.

163. ¿Quién es Pierre Plantard?

Él fue el inventor del fraude del Priorato de Sión en el siglo veinte. Plantard era hijo de un mayordomo y una cocinera. De acuerdo con Henry Lincoln, un hombre que lo entrevistó para un documental de la BBC, Plantard era un hombre interesante y con una gran creatividad. Durante la entrevista Plantard admitió ser no solamente el vocero oficial del Priorato sino también un descendiente de la línea Merovingia.

Paul Smith ha escrito un libro en inglés titulado. Priory of Sión: The Pierre Plantard Archives 1937-1993. Allí encontrarás una gran cantidad de evidencia sobre la fraudulenta vida de Plantard.

164. ¿Son antiguos los documentos secretos "Les Dossier Secrets"?

Falso. Esos documentos son parte del fraude de Plantard escritos a mediados de los sesentas.

165. ¿Por qué Pierre Plantard escribió los documentos secretos?

Pierre Plantard quería llegar a ser rey de Francia. [72]

166. ¿Pertenecían al Priorato de Sión, Da Vinci, Newton, Boticcelli y Víctor Hugo?

Falso. Solo en la mente de Pierre Plantard y de la novela de Brown.

167. ¿Es cierto que Da Vinci presidió alguna vez el Priorato?

Falso. No existe ningún documento que lo demuestre y ya hemos demostrado que los «Dossier Secrets» eran una fabricación de Plantard.

LA HOMOSEXUALIDAD

168. ¿Era Leonardo Da Vinci homosexual?

Sí y no. Leonardo Da Vinci fue culpado con un acto de sodomía de acuerdo a los registros históricos. Cualquier otro incidente homosexual es escaso y fraccionado.

169. ¿Qué tiene de malo ser homosexual?

Pues lo mismo que ser mentiroso o avaro o adultero etc. Es una desviación del propósito que Dios tiene para los géneros.

170. ¿Es cierto que la homosexualidad es genética?

Falso. No hay ninguna evidencia que demuestre eso.

171. ¿Pero Simon Le Vay lo demostró en 1991?

Falso. Él presentó sus estudios en esa fecha apoyando su teoría pero desde ese momento ha sido comprobada que su teoría falla el escrutinio de la ciencia.

172. Dame un ejemplo de que la homosexualidad no es genética.

Muy bien, la teoría de Levay se basaba en que la estructura hipotalámica de los heterosexuales y la de los homosexuales es diferente. Estudió varios cadáveres y comprobó que el tamaño del INAH-3 (un pequeño segmento de la estructura cerebral era igual en las mujeres y los homosexuales y que los heterosexuales tenían ese segmento dos veces más grande. La deducción fue entonces que la orientación sexual era de índole biológico. Ahora vayamos a la evidencia. El mismo Le Vay admitió que su mayor problema con la teoría es que los diecinueve sujetos identificados como homosexuales, habían muerto a causa de complicaciones del SIDA (Simon LeVay, *Queer Science* Cambridge, MA; MIT Press 1996, páginas 143-145).

¿Sería posible, entonces que la diferencia en el tamaño de los hipotálamos fuera causada por la enfermedad y no por la homosexualidad? ¡Claro! El Doctor William Byne, encontró que LeVay «no había tomado en cuenta adecuadamente el hecho de que al momento de la muerte prácticamente todos los hombres con SIDA tienen niveles reducidos de testosterona como resultado de la enfermedad o como efecto colateral del tratamiento. Por ello es posible que los efectos sobre el tamaño del INAH-3 que atribuyera a la orientación sexual fueran causados en realidad por la anormalidad hormonal relacionada con el SIDA».[73]

173. ¿Pero al menos LeVay probó que la homosexualidad puede ser genética?

La verdad no, pero si no me crees a mí, tal vez le creas al mismo LeVay. Esto fue lo que dijo Le Vay en el libro The Sexual Brain en la página 122:

«No probé que la homosexualidad sea genética, ni encontré causa genética para ser gay...» « No mostré que los hombres homosexuales nazcan así, que es el error de interpretación más común que hace la gente de mi estudio. Tampoco encontré un centro homosexual en el cerebro...» «...una y otra vez se me describe como el "científico que probó que la homosexualidad es genética"... esto no es cierto».[74]

A mí me quedó muy claro y ¿a ti?

174. ¿Y qué me dices de los estudios sobre los gemelos por parte de Bailey y Pillard? ¿No se demostró que las estadísticas en los gemelos mostraban un vínculo genético?

No, no se demostró eso. Todo lo contrario. Lee lo que el doctor N. E. Whitehead dijo al respecto: « Los gemelos idénticos tienen genes idénticos. Si la homosexualidad fuera una condición biológica producida irremediablemente por los genes (como por ejemplo, el color de los ojos), entonces si uno de los gemelos fuera homosexual, en el 100% de los casos, sus hermanos debieran serlo también...
Los genes son responsables de una influencia indirecta pero en promedio, no obligan a las personas a la homosexualidad. Esta conclusión es

bien conocida en la comunidad científica y lo ha sido durante décadas, aunque no ha llegado al público en general» (Whitehead, N.E. « The Importance of Twin Studies».[75]

De manera similar, si la homosexualidad tuviera estos vínculos genéticos, el grupo que debiera mostrar la menor cantidad de parejas homosexuales sería el de hermanos con genes no relacionados, los adoptivos. Por ejemplo una familia homosexual adopta unos gemelos que no se relacionan con la familia biológicamente. Esos gemelos no deberían ser homosexuales pues no tienen relación biológica. Sin embargo este no es el caso.[76]

175. ¿Y qué hay de Dean Hamer y el cromosoma X?

Solo para refrescar la memoria en caso de que no te acuerdes, en 1993 la revista Times sacó en una de sus portadas el siguiente titular: «Nacido gay: La ciencia encuentra un vínculo genético» basándose en una investigación hecha por Dean Hamer denominada: Conviviendo con Nuestros Genes. Este trabajo causó un gran escándalo en la sociedad estadounidense y por ende en el mundo entero. No obstante, lee lo que Steven Rose escribió en su artículo « War of the Genes»:

Lo que Hamer y sus colegas informaron en realidad fue relativamente modesto: que estos cuarenta pares de hermanos gay compartían un marcador genético común, una región de sus cromosomas X heredado de su madre, llamado Xq28.

No se descubrió un gen en particular, sino una simple asociación genética y no quedó en claro qué papel si es que hay alguno, juega este gen en la orientación sexual de los hermanos.

Sin embargo, esto no evitó que el comunicado de prensa llamara al descubrimiento, «el gen gay» y que especulara con sus consecuencias éticas. Los hombres gay llevaban camisetas impresas, agradeciendo a sus madres por el Xq28.[77]

Ahora, debemos pesar en la evidencia. Hamer encontró que de cuarenta parejas de hermanos homosexuales, treinta y tres (el 83%) habían recibido la misma secuencia de cinco marcadores genéticos. Esto parece ser una evidencia muy poderosa. ¿Pero lo es?

El doctor Whitehead señaló que al estudio le faltaba un grupo de control de la población en general, observando que si la misma secuencia del cromosoma X que aparecía en los hombres homosexuales también aparece en la población general de hombres heterosexuales, entonces el gen es insignificante. En otras palabras, si una persona homosexual y una persona heterosexual tienen el mismo marcador genético, eso invalida la suposición de un marcador distintivo para los homosexuales.

Hamer tampoco realizó pruebas en los hermanos heterosexuales de los hermanos homosexuales para ver si tenían el gen, pero algunos de los datos de estos hermanos heterosexuales indicaban que tenían la secuencia genética idéntica. Otra falla conspicua en el estudio de Hamer es que siete de las parejas de los homosexuales no presentaban esta secuencia genética.[78]

176. ¿Demostró Hamer que si puede haber posibilidad de que la homosexualidad sea genética?

Te aseguro que no fue así, pero es mejor si el mismo Hamer te lo dice El estudio de la genealogía no produjo lo que esperábamos encontrar: simple herencia mendeliana: En realidad nunca encontramos ni siquiera una familia en la que la homosexualidad se distribuyera en el patrón obvio que esperábamos» (Dean Hamer y Peter Copeland, The Science of Desire (New York, NY; Simon and Schuster, 1994, página 104).[79]:

177. ¿Ama Dios a los homosexuales?

La Biblia dice que el ama a toda la humanidad, pero la pregunta debería ser: ¿Ama Dios la homosexualidad? y la respuesta sería un rotundo "No".

De la misma forma Él odia la mentira, la lujuria, el adulterio etc. No debemos confundir el amor que Dios tiene por nosotros con el odio que siente por el pecado que nos corrompe.

178. ¿Qué es un hermafrodita?

Dicho de una persona con tejido testicular y ovárico en sus gónadas, lo cual origina anomalías somáticas que le dan la apariencia de reunir ambos sexos.[80]

179. ¿Qué es un andrógino?

Dicho de una persona cuyos rasgos externos no corresponden definidamente con los propios de su sexo.

MARÍA MAGDALENA

180. ¿Quién era María Magdalena?

Lo primero que sabemos de ella es que fue liberada de siete demonios cuando se vio cara a cara con Jesús la primera vez. Leemos que era una de sus seguidoras más fieles. Piénsalo, si a ti te hubieran liberado de siete demonios, tú también lo serías. También es una de las pocas personas que estuvo junto a la cruz mientras Cristo era crucificado y quizás la razón por la que se hizo más famosa es porque ella fue la primera persona en ver a Jesús resucitado.

181. ¿Era María Magdalena una prostituta?

Falso.

182. ¿Por qué se dice que Maria Magdalena era una prostituta?

El papa Gregorio el Grande dio un sermón en el año 591 donde declaró que la mujer prostituta que se menciona en el capítulo 7 del evangelio de Lucas es la misma mujer que se menciona en el capítulo 8 y cómo la mujer que se menciona en este capítulo es María Magdalena la asociación se hizo.

Sin embargo, los eruditos del Nuevo Testamento aclaran que no puede ser la misma mujer. Por si esto fuera poco el mismo Vaticano rectificó su error en el año 1969.

183. ¿No es cierto que la ciudad de Magdala era reconocida por la prostitución?

Así es. La ciudad de Magdala era famosa por la prostitución que existía en esa ciudad, pero eso no es suficiente evidencia para llamarla prostituta. Eso sería como decir que si naciste en las Vegas debes ser un apostador empedernido.

184. ¿Es cierto que María Magdalena se casó con Jesús?

Falso. Totalmente Falso.

185. ¿Es cierto que son incontables las referencias a la unión de Jesús y María Magdalena tal como lo dice la página 306 de la novela de Brown?

Falso. No hay ni una pizca minúscula de evidencia sobre esa relación.

La única documentación que presentan aquellos que creen esa falacia se fundamenta en dos textos de los documentos gnósticos, el primero un texto en el evangelio de Felipe; el segundo en el evangelio de María. Ambos han sido ya descartados por los historiadores y eruditos en la materia.

186. ¿Iba a ser la iglesia dirigida por una mujer?

Falso. Ni tampoco por un hombre. Si lees Colosenses 1:18 te darás cuenta que la cabeza de la iglesia es Cristo.

187. ¿Era Maria Magdalena de la tribu de Benjamín?

Falso. No existe ningún registro histórico de que ella perteneciera a esa tribu: Es más, luego de la muerte de Saúl, la tribu de Benjamín no fue considerada realeza. Pero si eso fuera poco, el mismo Saúl dice: "¿No soy yo hijo de Benjamín, de las más pequeñas tribus de Israel? Y mi familia ¿No es la más pequeña de todas las familias de la tribu de Benjamín..." 1 Samuel 9:21 Todo lo contrario a la descripción de Brown.[81]

188. ¿Es el fin de todo ser humano arrodillarse ante los huesos de María Magdalena?

Falso. Si así fuera, la vida fuese vacía. El fin de todo ser humano es encontrar la razón del por qué existe y hacia donde va. ¿De que te serviría arrodillarte ante un ataúd si lo primero que vendría a tu mente es saber que tú también utilizarás alguno para tu propio cuerpo? La vida es más que nacer, crecer, reproducirse y morir.

Jesús vino a la Tierra para que tú no tuvieras que vivir así. Él tiene un propósito por el cual te creó. ¿Sabes? La Biblia si habla que al final de tu vida y al final de la mía nos arrodillaremos pero será ante Jesús. La Biblia dice: «Por lo cual Dios también le exaltó hasta lo sumo y le dio un nombre que es sobre todo nombre, para que en el nombre de Jesús se doble toda rodilla de los que están en los cielos, en la tierra y debajo de la tierra y toda lengua confiese que Jesucristo es el Señor, para gloria de Dios Padre».

189. ¿Dónde hay crónicas de Maria Magdalena en Francia?

Solamente en algunos de los libros sin fundamento que mencioné en la respuesta 93 que se hayan traducido al francés y que contengan los mitos que Dan Brown utiliza en la novela.

190. ¿Es cierto que Botticelli, Poussin, Bernini, Mozart y Víctor Hugo hicieron algo acerca de Jesús junto con Maria Magdalena?

Falso. Los pintores si hicieron unas pinturas de María Magdalena pero ninguna de ellas trata sobre una relación matrimonial de Jesús y María Magdalena. Con respecto al compositor Mozart, él si compuso una pieza musical para una María Magdalena pero no era la que se menciona en la Biblia sino la esposa de otro gran compositor, Michael Haydn y la razón por la que lo hizo es porque María Magdalena Lipp era una soprano muy famosa.[82]

¿SE CASÓ JESÚS?

191. ¿Es cierto que todos los hombres judíos tenían que casarse?

Falso. El mayor ejemplo son los Esenos, un enclave de judíos separatistas que residieron cerca del Mar Muerto, desde mediados del siglo segundo antes de Cristo hasta varias décadas después del tiempo de Cristo. Es en esta comunidad que se presenta la posibilidad de que hubiera grupos de hombres y mujeres que vivían juntos por razones religiosas y que sin embargo, se abstuvieron del matrimonio. Encontramos registro sobre ellos en el libro Antigüedades de Josefo, en las crónicas de las guerras de los judíos; en Philo y en Hipotética.

Otro ejemplo era Juan el Bautista que no se menciona que haya sido casado. Pablo es otro ejemplo de ello.

192. ¿Tenían alguna razón la Biblia de ocultar que Jesús era casado?

Ninguna. Toma un tiempo para leer lo siguiente detenidamente:

Acaso no tenemos derecho de comer y beber? ¿No tenemos derecho de traer con nosotros una hermana por mujer como también los otros apóstoles, y los hermanos del Señor, y Cefas? ¿O sólo yo y Bernabé no tenemos derecho de no trabajar?» 1 Corintios 9:4-6

Pablo dijo que los apóstoles, los hermanos del Señor y Cefas (Pedro) tenían derecho a una esposa. En otras palabras, tenían todo el derecho de casarse. Habría sido muy fácil para Pablo añadir que Jesús también estuvo casado si ese fuera el caso. Ese punto hubiera sellado su argumento, pero él no hizo ese señalamiento. De hecho, si Jesús hubiera estado casado, no hubiera habido mejor lugar para que Pablo lo mencionara. Algunas personas podrían objetar diciendo que Pablo solo citó a personas vivas, pero la respuesta a tal objeción es que Pablo estaba hablando de precedentes y de derechos. Presentar el ejemplo de lo que alguien hizo sería posible y lógico, si Jesús tuviera ese estado. La conclusión es que Pablo no presentó ese punto porque ese punto no existía.[83]

Por otro lado Juan y Mateo anduvieron con Cristo durante todo su ministerio. No había ninguna razón para que ellos omitieran que Jesús era casado si lo hubiera hecho.

193. ¿Existen más evidencias de que Jesús no estuvo casado?

¡Claro! Puedes ir a cualquier documento confiable de la historia de Jesús y no encontrarás en ninguno de ellos, ni un mínimo detalle sobre su supuesto matrimonio con María Magdalena.

Otro ejemplo clásico ocurre en el momento de su crucifixión. Si lees el capítulo 19 de Juan te darás cuenta que cuando Jesús habla con Juan, lo que le dice es que cuide de su madre. No menciona nada acerca de que cuide de María Magdalena. ¿No sería lógico que Jesús le pidiera a Juan que cuidara de su "esposa" si tuviera alguna? Darell Bock lo expresa muy claramente: «Durante el tiempo que Él ejerció el ministerio, no se mencionó una esposa. Al ser juzgado y crucificado, no se mencionó una esposa. Después de su muerte y resurrección, no hubo mención alguna de una esposa. En otras palabras, Jesús nunca se casó. [84]

194. ¿Tuvo Jesús una hija llamada Sara?

Falso. La profecía del Mesías dada por Isaías decía: "... y su generación ¿quién la contará? Porque fue cortado de la tierra de los vivientes..." Isaías 53:8 Entre las descripciones de quién cumpliría esa profecía se demostraba claramente que el Mesías no tendría descendencia genealógica ya que sería muerto.

195. ¿Dice la tradición judía que el celibato era censurable

Falso. Existían en los tiempos bíblicos dos grupos, los Terapeutae y los Esenos que promovieron el celibato como un ideal espiritual. Y por si eso fuera poco el mismo Pablo proclamaba ser soltero, sin considerarlo una humillación. 1 Corintios 7:7-9: "Quisiera más bien que todos los hombres fuesen como yo; pero cada uno tiene su propio don de Dios, uno a la verdad de un modo, y otro de otro. Digo, pues, a los solteros y a las viudas, que bueno les fuera quedarse como yo; pero si no tienen don de continencia, cásense, pues mejor es casarse que estarse quemando".[85]

EL CONCILIO DE NICEA Y CONSTANTINO

196. ¿Quién era Constantino?

Constantino I el Grande nació en el año 280 después de Cristo. Su nombre de pila era Cayo Flavio Vale io Claudio Constantino. Nació en la ciudad de Naissus, Dacia, que ahora es Serbia. Fue el primer emperador cristiano de Roma.

197. ¿Por qué es importante la vida de Constantino para el Cristianismo?

Porque durante su época, los cristianos estaban siendo atrozmente perseguidos y gracias a un acontecimiento que sucedió en el año 312 después de Cristo, el Cristianismo dejó de ser perseguido.

198. ¿Qué sucedió en el año 312?

El emperador Constantino se convirtió al Cristianismo.

199. ¿Cómo sucedió la conversión de Constantino?

Eusebio de Cesarea, un historiador y un confidente de Constantino escribió que las tropas de Constantino estaban colocadas en el puente Milvio, en las afueras de Roma, preparándose para derrocar al emperador Majencio. La victoria de esta batalla haría que Constantino se convirtiera en el gobernador absoluto del imperio. Entonces, el 27 de octubre del año 312 después de Cristo mientras él estaba orándole, como era su costumbre, a un dios pagano, "vio con sus propios ojos una cruz en el cielo, por encima del sol y una inscripción que se leía: "Conquista con esto"... luego, cuando dormía Jesucristo se le apareció con la señal que él había visto en el cielo y Cristo le mandó que utilizara esta señal cuando se enfrentara a sus enemigos. Constantino cruzó el río y ganó la batalla, luchando bajo la bandera de la cruz cristiana. Poco después decreta el edicto de Milán, diciendo que los cristianos ya no serían perseguidos.[86]

200. ¿Existen otros relatos que indican que esa visión es falsa?

Aun cuando no podemos demostrarlo con rigurosa exactitud, hay dos factores que prueban la veracidad del evento. Primero, la iglesia cristiana era una minoría y Constantino también la perseguía. No tiene sentido pensar que él que se convertiría en el emperador más poderoso del mundo iba a aliarse a una minoría, sabiendo que él podría destruirlos. Segundo, Constantino le relata esta visión a Eusebio y a su gente mucho después de haber vencido al emperador Majencio.

201. ¿Es cierto que la palabra "herético" se utilizó hasta el tiempo del Concilio de Nicea y de Constantino?

Falso. Ya desde el primer siglo, los autores del Nuevo Testamento utilizaban esa palabra (2 Pedro 2:1, Tito 3:10). Además, Irineo, en el siglo segundo, escribe un libro llamado "Contra Herejías".

202. ¿Quién es Marción?

"Marción era un loco hereje al que se le ocurrió hacer su propia versión de las Escrituras en el año 135 después de Cristo Él creía que el Dios del Antiguo Testamente era diferente al Dios del Nuevo Testamento y por eso eliminó todo el Antiguo Testamento. Como consecuencia la iglesia primitiva se vio forzada a definir que libros eran autoritarios.

Un documento llamado el fragmento Muratorio que data del año 175 después de Cristo evalúa los diferentes libros canónicos junto con los que habían sido rechazados por la iglesia. En ese documento aparece una lista de 23 de los 27 libros que tenemos del Nuevo Testamento y eso simplemente porque ese documento está fragmentado".

Eso te puede dar una idea de que los libros del Nuevo Testamento ya estaban adoptados por la iglesia desde finales del primer siglo y comienzos del segundo demostrando que la versión de Brown acerca de un complot de Constantino es absolutamente falsa.[87]

203. ¿Fue Constantino quien ordenó el concilio de Nicea?

Eso es falso. Constantino buscaba la unidad de su imperio. Más que ordenar, Constantino invitó a los obispos a realizar un Concilio para aclarar una controversia que estaba generándose en la comunidad cristiana.

204. ¿El concilio de Nicea se realizó para proponer cuales libros serían aceptados en la Biblia?

Falso. En el concilio no se trató en ningún momento la creación de ningún canon, porque no era el tema del concilio y además porque los obispos ya sabían cuales libros de la Biblia eran autoritarios.

El motivo de la reunión era definir si Jesús tenía la misma naturaleza del Padre, demostrando así que Jesús era Dios. No existe ni la más mínima evidencia de que se haya discutido sobre los evangelios gnósticos, apócrifos o sobre ningún canon.

La única "supuesta" evidencia se encuentra en un documento

anónimo llamado: "Vetus Synodicon" escrito en el año 887 después de Cristo. Compara eso a los cientos de documentos que hablan sobre lo sucedido en Nicea desde esa época.

Además, hay veinte resoluciones que se acordaron en Nicea y recuerda que sus contenidos todavía existen.

Ninguna de esas resoluciones habla acerca de los libros gnósticos o de un canon.

205. ¿Es cierto que había más de 80 evangelios para escoger en el tiempo de Nicea?

Falso. Para el año 325 después de Cristo solamente existían unos 25 evangelios sobre la vida de Jesús.
Solamente cuatro de ellos ya eran aceptados como autoridad por la iglesia cristiana desde el segundo siglo.

206. ¿Quién era Arrio?

Arrio era un predicador y presbítero popular de Libia al que se le dieron deberes pastorales en Baucalis, Alejandría, en Egipto.

207. ¿Qué tiene que ver Arrio con el Concilio de Nicea?

Arrio tuvo en desacuerdo con su obispo Alejandro en el año 318 después de Cristo acerca de la naturaleza de Jesús. Esto era muy importante debido a las muchas herejías que atacaban a la iglesia en los siglos segundo y tercero. El asunto escaló al grado de llegar a oídos de Constantino más adelante y por eso se convoca a un concilio donde se resolviera este conflicto.

Arrio argumentaba que Jesús no podía tener la misma esencia de Dios en términos de naturaleza.

A propósito, éste es el mismo argumento que utilizan los Testigos de Jehová para decir que Jesús no es Dios.

208. ¿Arrio expuso en el Concilio de Nicea la posición de que Jesús era un ser creado?

Sí y no. Sí. Porque se le dio la oportunidad de defender sus pensamientos. Y no. Porque él no era un obispo, así que tenía que ser apoyado por un obispo para presentar sus argumentos. Fue Eusebio de Nicomedia quién expresó este debate ante Alejandro y ante Atanasio quien llegara a convertirse en el protagonista principal de este concilio.

209. ¿Quién era Atanasio?

Atanasio fue quizás el opositor más abierto que Arrio tuvo. Su tesis era que si se utilizaba la palabra "similar" para definir la naturaleza de Jesús con respecto al Padre, sería perder completamente la enseñanza bíblica total de la divinidad de Jesucristo. El argumento de Atanasio es que Jesús tenía que ser Dios en el sentido completo de su naturaleza con el Padre apoyando así a Marcelo, un obispo de Asia menor durante el debate.[88]

210. ¿Qué sucedió entonces?

Muy sencillo, después de escuchar las partes en conflicto los obispos reconocieron que la posición de Atanasio era la correcta.
Si Cristo no era Dios completamente, eso significaría que Jesús no hubiera sido el redentor de la humanidad. Decir que Jesús fue creado era negar la enseñanza clara de las Escrituras.[89]

211. ¿Es cierto que la votación sobre la divinidad de Jesús en el Concilio de Nicea fue una votación ajustada?

Falso. Solamente cinco de los más de trescientos obispos protestaron la decisión (el número de los obispos que acudieron al Concilio de Nicea era de aproximadamente 318 de acuerdo a la mayoría de eruditos). Y de esos cinco, solo dos rehusaron firmar el acuerdo.
No creo que eso sea lo que Dan Brown ni nadie pudiera llamar una votación ajustada.[90]

212. ¿Fue Constantino quien inventó el concepto de la Divinidad de Jesús?

Falso. La posición de que Jesús era Dios encarnado había sido la posición de la iglesia desde su inicio en el siglo primero. Aquí hay algunos ejemplos de muchos hombres que vivieron mucho antes del

Concilio de Nicea y que no solo creían que Jesús era Dios sino que estaban dispuestos a enfrentar la muerte por ello: Ignacio, el obispo de Antioquia. Policarpo de Esmirna. Justino Mártir. Irineo, obispo de León. Tertuliano, etc. Dos y medio siglos antes del Concilio de Nicea mantenían la posición universal de que Cristo era divino, tal como lo enseñan las Escrituras. [91]

213. ¿Pensaba la gente antes del Concilio de Nicea que Jesús solo era un gran hombre tal como lo dice la novela?

Falso. Piénsalo. ¿Por qué la gente aceptaba morir si Jesús fue solo un profeta que no resucitó? Sería ilógico que la gente que lo vio morir y que nunca lo vio resucitar fuera a permitir que la mataran o que su familia muriera por no negar la fe.

214. ¿Existe otro ejemplo de que la iglesia cristiana creía que Jesús era Dios antes del Concilio de Nicea?

Existen muchísimos ejemplos incluyendo a los apóstoles y a las personas que aceptaban morir antes de rendir culto a otro dios. Déjame darte un ejemplo muy claro: A Cesar no le importaba si los cristianos adoraban a otro dios, siempre y cuando cada persona hiciera una confesión obligatoria de que el Cesar era el "Señor" (un título de divinidad). Si la persona lo hacía, entonces tenía la libertad de adorar a quien quisiera, incluyendo adorar a Jesús.

Las congregaciones cristianas, que ya se habían esparcido por todo el imperio romano, tenían una decisión muy difícil. O aceptaban obedecer esa orden o enfrentarían graves consecuencias. Muchos cristianos tuvieron que observar mientras que sus familiares y amigos eran destrozados por los leones, otras bestias salvajes o los gladiadores solo porque habían rehusado confesar el "señorío" del Cesar.[92]

215. ¿Se votó en Nicea, la fecha de la pascua, el papel de los obispos y la administración de los sacramentos?

Falso. El concilio de Nicea se realizó para aclarar los problemas que las herejías de Arrio estaban causando a la iglesia primitiva.

216. ¿Fue Constantino alguien que planeó cómo modificar al Cristianismo?

Falso. No se puede negar que Constantino tenía fuertes intereses políticos sobre el Cristianismo debido a su papel como Emperador, pero la iglesia ya tenía más de dos siglos de estar oponiéndose a cualquiera que quisiera cambiar su convicción sobre Jesús. Para ellos era muy claro que ni las puertas del Hades prevalecerían contra la iglesia, cuanto menos otro emperador.

217. ¿Fue Constantino quien dijo que se hiciera una Biblia donde no se hablara de los rasgos humanos de Jesús?

Falso. Eso solo se encuentra en la mente de Dan Brown. Lo más cercano a eso sería cuando él le pidió a Eusebio de Cesarea que hiciera cincuenta Biblias para usarse en las iglesias de Constantinopla. Y aun si Constantino hubiera exigido que se hiciera una Biblia (una utopía) que no hablara de los rasgos humanos de Jesús, definitivamente se burlaron de él porque solo hay que leer el evangelio de Marcos para encontrar claramente los rasgos humanos de Jesús. Ese comentario de Dan Brown acerca de Constantino solo refleja una agenda para introducir los evangelios gnósticos donde nunca han estado.

218. ¿Cambió Constantino la fe de los cristianos para que creyeran otra cosa?

Falso. Encontré lo siguiente que estoy seguro que te dará una perspectiva de la falsedad de esa declaración:

"Incluso si Constantino hubiese querido cambiar así la fe de millones ¿cómo habría podido hacerlo en un concilio sin que se diesen cuenta no sólo millones de cristianos sino centenares de obispos?

Muchos de los obispos de Nicea eran veteranos supervivientes de las persecuciones de Diocleciano, y llevaban sobre su cuerpo las marcas de la prisión, la tortura o los trabajos forzados por mantener su fe. ¿Iban a dejar que un emperador cambiase su fe? ¿Acaso no era esa la causa de las persecuciones desde Nerón: la resistencia cristiana a ser asimilados como un culto más? De hecho, si el Cristianismo antes del año 325 hubiese sido tal como lo describen los personajes de Brown y muchos neo gnósticos actuales nunca habrían padecido persecución ya que habrían encajado perfectamente con tantas otras opciones paganas. El Cristianismo fue siempre perseguido por no aceptar las imposiciones religiosas del poder político y proclamar que sólo Cristo es

Dios, con el Padre y el Espíritu Santo".[93]

LA NUEVA ERA

219. ¿Qué es el movimiento de la Nueva Era?

Creo que la mejor respuesta la puedes obtener de Douglas Groothuis, quien a mi consideración es el mejor experto en el tema de la Nueva Era. Extraje unos párrafos de su libro "Confronting the New Age". Estoy seguro que tendrás una mejor idea después de leer esto: "El movimiento de la Nueva Era no es nuevo; es la repetición más reciente de la segunda religión más antigua: la espiritualidad de la serpiente. La oferta era olvidar el estilo de la vida que Dios tiene para nosotros y creer la promesa de la serpiente que al revelarnos en contra de Dios podríamos «ser como Dios» y no morir. En esencia, podríamos obtener poder y conocimiento separados de Dios sin sufrir ningún efecto contrario. Satanás les mintió; Adán y Eva aceptaron su mentira; y todos morimos.

El movimiento de la Nueva Era es una cúpula que se refiere a una variedad de personas, organizaciones, eventos, prácticas e ideas. Sociológicamente hablando, no es un movimiento organizado centralizado con un líder humano. Aun cuando incluye sectas y hasta denominaciones, no se restringe sólo a ellas. Más bien es una constelación de personas y grupos con la misma mentalidad de tener un cambio social y espiritual que traerá consigo una nueva era de auto actualización.

Las personas que se identifican con el movimiento de la Nueva Era adquieren diferentes niveles de compromisos. Algunos se envuelven en la astrología o la visualización ocultista pero sin comprometerse por completo con alguna organización. Otros se comprometen con varios grupos a varios niveles, tales como asociaciones de salud holística, servicios de contactos amorosos, grupos sectarios o denominaciones religiosas. Hasta en algunas denominaciones cristianas, existen personas que han abrazado, sin saber o sabiendo, puntos de vista y prácticas de la Nueva Era.

Este fenómeno multifacético se convierte en un desafío tremendo para los cristianos. Es una tendencia cultural profunda que atrae a personas de todos los estilos de vida. Dice ofrecer una realidad espiritual, una realización y una armonía mundial. Sin embargo sus promesas surgen de lo que resulta ser una falsificación espiritual.

La Biblia habla repetidamente de falsificaciones espirituales, nos previene de los falsos cristos (Mateo 24: 5; Hechos 5: 36-37), de los profetas falsos (Deuteronomio 13: 1-4; Mateos 7: 15; Mateo 24: 11), de los milagros falsos (Éxodo 7:13), de los falsos ángeles (2 Corintios 11:14) de los dioses falsos (Gálatas 4:8), de las falsas buenas obras

(Mateo 7: 15-23), de la piedad falsa (2 Timoteo 3: 5) de las conversiones falsas (1 Juan 2: 19; 2 Corintios 11:26), de los falsos espíritus (1 Juan 4: 1-3), de la falsa doctrina (1 Timoteo 4: 1-3) y de los falsos evangelios (Gálatas 1:6-10).

Para poder separar lo genuino de lo falso se necesita un discernimiento bíblico y no sólo la indicación de palabras comunes en la Nueva Era tales como holístico o global.

A pesar de la diversidad dentro del movimiento de la Nueva Era, varias de sus ideas principales pueden ser extraídas de su perspectiva básica del mundo, resumidas en las siguientes nueve creencias o doctrinas. Como veremos, el cristiano y el adherente a la Nueva Era miran el mundo a través de lentes muy diferentes y por eso responden a las preguntas principales de la vida sobre el valor, el propósito y el significado de una manera totalmente diferente.

1. OPTIMISMO EVOLUCIONISTA: UN REINO FALSO.

El movimiento de la Nueva Era enseña que nos encontramos al borde de un salto cuántico con respecto a la conciencia debido al avance de la evolución. Nos enfrentamos a un gran tiempo de crisis planetaria y de oportunidad. Nos estamos moviendo a una Nueva Era de descubrimiento espiritual llamada la era de acuario en términos astrológicos. Debemos despertarnos a nuestro «interior divino» para poder calzar en el milenio. Los utópicos de la Nueva Era visualizan un nuevo orden mundial, algunas veces descrito como un solo gobierno mundial, un socialismo global o una religión de la Nueva Era, donde la justicia se auto realiza. La realidad es otra. Los cristianos han confesado tradicionalmente que Dios, creador, es el Señor de toda la historia. Él está dando a conocer la realidad de su reino. Nos volvemos a él y a su Palabra buscando la justicia social tanto como la santidad y la salvación personal. Los cristianos deben considerar cualquier utopía mística (un reino falso) como un concepto ignorante y que en el peor de los casos es mortal. Los cristianos viven con la anticipación de que la historia culminará con el regreso visible, físico y literal de Jesucristo con poder y gloria y no en algún inmanente proceso evolutivo traído por la Nueva Era.

2. MONISMO. UN COSMOS FALSO.

Todo es uno. Uno es todo. La idea de que todo es uno, es contraria a la perspectiva bíblica de la creación de Dios como una diversidad maravillosa de cosas creadas que no se reduce a una unidad mística. En Génesis capítulo 1:2 se registra que «la tierra estaba desordenada y vacía». Dios habló y la pluralidad surgió en árboles, animales, nubes, humanos y un millón de cosas más. «Y vio Dios todo lo que había hecho, y he aquí que era bueno en gran manera» (Génesis 1:31).

Todas las cosas tienen un creador común y están sostenidas por Cristo (Hebreos 1:3). En este sentido vivimos en un universo, no un multi universo.

Dios unifica la historia de acuerdo a su voluntad. Pero la unidad del plan de Dios no destruye las diferencias reales de su creación. De la misma manera, Jesús enseñó la unidad a sus seguidores hablando del cuerpo de Cristo (Juan 17), Pablo también (1 Corintios 12: 12-31) y no obstante esta unidad no es la unidad inseparable enseñada por la Nueva Era. Todas las personas tendrán que pararse ante su Creador un día. Ninguno tendrá su caso absuelto disolviéndose en un gran océano del ser.

3. PANTEÍSMO: UN DIOS Y UNA HUMANIDAD FALSA

El «dios» de la Nueva Era no es un ser moral adorado como supremo.
Es más bien algo impersonal y amoral. La deidad es democratizada:
todos somos Dios. La auto deificación es muy popular ahora pero
sigue siendo irrealista y anti bíblica. La Nueva Era toma la verdad de
que somos hechos a imagen de Dios y la distorsiona diciendo que
todos somos dioses. El mismo «sueño imposible» se encontraba en la
tentación de la serpiente, tal como Hexam y Poewe lo aclaran: «en la
médula de la caída está el deseo por una libertad y un poder total, sin
restricciones de límites de la condición humana. La Biblia presenta la
caída como un acto de auto indulgencia sin restricciones basado en el
deseo imposible de ser como Dios. En lugar de dirigirnos a la libertad,
esto resulta en esclavitud».

4. TRANSFORMACIÓN DE LA CONCIENCIA: UNA FALSA CONVERSIÓN

No es suficiente creer simplemente las enseñanzas de la Nueva Era.
Según sus proponentes, deben ser experimentadas. Con frecuencia
se les estimula a los de la Nueva Era para que sean iniciados, no sólo
interesados.

Más que predicar un arrepentimiento del pecado, la Nueva Era
impulsa un nuevo despertar del ego. La falsificación de la Nueva Era
reemplaza la oración (una comunicación con un Dios personal) con
la meditación (una jornada dentro del propio ego). Exalta la experiencia del ego por encima de la fe en Cristo y por lo tanto es una
falsificación de una conversión cristiana genuina. En lugar de enseñar
la necesidad de un nuevo nacimiento que viene de arriba, enseña el
redescubrimiento del verdadero ser divino interno.

5. CREA TU PROPIA REALIDAD: UNA MORALIDAD FALSA

La frase «crea tu propia realidad» se menciona con frecuencia en los
círculos de la Nueva Era como una premisa básica. El concepto es que
no estamos bajo ninguna ley moral objetiva. Más bien, todos tenemos
diferentes formas de realizar nuestro potencial divino. Y ya que «todo
es uno» (monismo), no podemos separar la vida en categorías como el

bien contra el mal. Eso es demasiado dualista; debemos avanzar «más allá del bien y el mal» para poder lograr nuestro potencial completo. La ética de la Nueva Era está desarraigada de cualquier orden moral objetivo. Si una persona de la Nueva Era afirma un absoluto moral, lo hace usualmente más por instinto que por reflexión. Algunos pueden hablar de la ley del karma como recompensas mor ales reguladas y como castigos en la reencarnación, pero la noción de la moralidad se vuelve usualmente relativa o escasa completamente.

Por el contrario, la moralidad bíblica está anclada en el carácter moral inmutable y en la voluntad de un Dios personal que ha dado los 10 Mandamientos, no las 10 sugerencias. Los cristianos se hacen más espirituales en pensamiento, carácter y obras obedeciendo la voluntad de su Señor, no pretendiendo crear sus propias reglas en el camino.

6. POTENCIAL HUMANO ILIMITADO: MILAGROS FALSOS

El conocimiento de «el dios interno» resulta un poder total. En esencia, el inconsciente se convierte en un dios. Sea por medio de cintas subliminales u otro sinnúmero de medios, un panorama de lo paranormal promete poder.

Por ejemplo: percepción extra sensorial, telepatía, clarividencia, precognición, recuerdos de vidas pasadas, sanidad psíquica, experiencias fuera del cuerpo, adivinación, psicokinesia, etc. La conciencia es la clave. Según los proponentes, no estamos encadenados a una realidad objetiva y externa (sea espiritual o física); más bien nosotros podemos «crear nuestra propia realidad».

Aun cuando existan muchos reportes paranormales que sean fraudulentos o mal interpretados, la Biblia advierte de los milagros falsos ingeniados malévolamente por el enemigo. Un Creador súper natural puede e interviene milagrosamente en su creación con el propósito de demostrar su realidad; sin embargo las falsificaciones abundan con el propósito de engañar al mundo.

7. CONTACTO ESPIRITUAL: REVELACIONES FALSAS.

La canalización siempre ha estado unida a la Nueva Era, pero ahora está ganando más popularidad entre más canalizadores se dirigen a públicos más grandes y participan en consultas privadas extensas.

La canalización de la Nueva Era añade una dimensión «más alta» al antiguo movimiento del espiritualismo de hace un siglo que con frecuencia buscaba comunicarse con el espíritu de un pariente muerto para obtener unas pocas palabras acerca de la vida en el más allá.

Es fácil saber que las doctrinas presentadas por estas entidades canalizadas no son bíblicas. Algunos canalizadores supuestamente utilizan personajes bíblicos y algunos hasta dicen canalizar al Cristo mismo quien les dice comentarios anti cristianos tales como «los dichos en las epístolas y los evangelios y en el Apocalipsis que hablan de mi sangre salvando a las personas del pecado, son falsos». Tales «revelaciones» nos hacen recordar la advertencia del apóstol Pablo que «si nosotros, o un ángel del cielo, os anunciare otro evangelio diferente del que os hemos anunciado, sea anatema» (Gálatas 1: 8). El «evangelio» canalizado habla sobre la auto deificación, el relativismo y la reencarnación.

8. MAESTROS DE LAS ALTURAS: ÁNGELES FALSOS

En mucho del pensamiento de la Nueva Era la distinción entre lo extraterrestre y lo espiritual se opaca cuando aparecen avistamientos OVNIS o encuentros «del tercer tipo» y estos se convierten en experiencias místicas. Los OVNIS (y sus pasajeros) algunas veces se presentan como una muestra de fenómenos paranormales. Algunos grupos dicen que los «hermanos espaciales» más evolucionados tienen mucho que enseñarnos acerca de cómo evitar una catástrofe planetaria y puedes estar seguro de que el mensaje no es bíblico.

Los cristianos deben reinterpretar la situación como la mascarada malévola de seres demoníacos.

9. SINCRETISMO RELIGIOSO: UNA FALSA RELIGIÓN

La espiritualidad de la Nueva Era es más bien un conjunto de misticismo oriental, ocultismo occidental, neopaganismo y psicología potencial humana. Pero los voceros de la Nueva Era tienden a ver la verdadera esencia de todas las religiones como una unidad. Para apoyar su caso, los maestros de la Nueva Era a veces presentan el testimonio de herejes cristianos, musulmanes o judíos que clamaron ser uno con Dios. Y al hacerlo así, toman lo anormal como si fuera normal y lo falso como si fuera genuino.

Los cristianos rechazan el sincretismo por al menos tres causas. Primero, el sincretismo olvida las diferencias históricas entre las religiones. Segundo distorsiona al Cristianismo haciéndolo panteísta. Y tercero, convierte a Jesucristo en uno de tantos maestros inmolados en un cementerio panteísta, una posición que Él mismo negó rotundamente al decir: «Soy el camino, la verdad y la vida» (Juan 14:6).[94]

220. ¿Qué es el relativismo moral?

Es simplemente la idea de que lo que es bueno y moralmente correcto para mí, no necesariamente es bueno y moralmente correcto para ti.

221. ¿Y no es cierto que así debe de ser?

¡Por supuesto que no! Piénsalo. Si así lo fuera, entonces eso significaría que cualquier cosa que tú o yo hiciéramos sería regulada por nosotros mismos. Permíteme darte un ejemplo cruel: Supongamos que tú tienes una hija pequeña de siete años y yo te voy a visitar a tu casa. Si yo fuera un pederasta (una persona que satisface sus deseos sexuales con los niños), entonces te diría: "Oye, préstame a tu hija porque quiero violarla". Con seguridad tú responderías que no lo harías porque eso es malo. Mi respuesta entonces sería: "Tal vez eso sea malo para ti, pero para mí no lo es". ¿Lo ves? Debe haber un parámetro de moralidad en algún lugar.

222. ¿Pero la libertad termina donde empieza la del otro?

Esa es una frase muy conocida pero es exactamente allí donde está el problema. ¿Quién puede decir donde comienza o termina tu libertad? Si no existe una sola verdad o una sola moral, entonces cualquier verdad o cualquier moral son igualmente aceptables. Solo si acordamos que debe haber un parámetro de moralidad por el cual toda la raza humana deba medirse podremos legislar correctamente. Ese parámetro de moralidad y verdad es la Biblia.

JESÚS COMO PERSONAJE
HISTÓRICO Y SU RESURRECCIÓN

En este capítulo, el enfoque estará en dos aspectos intrínsecos al Cristianismo. Primero, Jesús como personaje histórico y segundo, su resurrección como el hecho más importante en la vida del creyente. Ambos factores son indispensables para una compresión racional y espiritual en el ser humano.

Según una encuesta realizada en los Estados Unidos, en el año 2011, el 86% de la población consideraba la Biblia un libro sagrado. Tres años después, en el año 2014, ya había descendido a 79%. Y solo el 37% de la población leía su Biblia, más de una vez por semana.

Según la encuesta, las razones van desde la apatía por la falsedad de los líderes religiosos hasta los supuestos hallazgos difundidos por los medios de comunicación masiva en los últimos años.

Cuando converso con personas antagónicas al Cristianismo, uno de los factores principales tiene que ver con Jesús mismo. El axioma es el siguiente: "No hay seguridad que Jesús realmente haya existido".

Yo creo que si alguien piensa así, tiene todo el derecho de expresarlo. Pero de la misma manera, nosotros tenemos el derecho y no solo el derecho, sino el privilegio de poder demostrar que Jesús existió como un personaje histórico real y que además es el único y sabio Dios.

Dedicaré los próximos párrafos a tratar este tema y luego concluiré con el evento más importante en la historia del Cristianismo. Me refiero a la resurrección.

En los siguientes párrafos revisaremos la connotación histórica de Jesús y las ramificaciones de la misma.

Yo tengo el privilegio de exponerte lo que he investigado. Tu deber es verificar si lo que digo es cierto. Empecemos…

Según los historiadores contemporáneos, hay alrededor de veintitrés personajes seculares que escribieron acerca de un individuo llamado Jesús, que existió y que por él se inició un movimiento llamado Cristianismo.

Tenemos a Flavio Josefo , Cornelius Tacitus, Plinio el Joven, Lucíano, Mara Bar-Serapion , Thallus, Flegón, Suetonio, Celso, etc.

Solo me concentraré en algunos párrafos que espero te ayuden a notar que estos historiadores, o emperadores mencionaron a Jesús como un personaje de carne y hueso.

SUETONIO, un historiador romano, cronista de la casa imperial, escribió lo siguiente en su documento, Vida de Claudio: "Él (Claudio) expulsó a los judíos de Roma que continuamente estaban causando disturbios, siendo Cristo su líder". Vida de Claudio 25.4

En otro escrito, mencionó el incendio de Roma en el año 64 D.C diciendo: "Nerón castigó a los cristianos, una clase de personas entregadas a una superstición nueva y engañosa". La vida de los doce Césares, Vida de Nerón 26.2

PLINIO EL JOVEN, un gobernador en Bitinia, una región de Asia Menor, le escribió al emperador Trajano en el año 112 después de Cristo, pidiendo consejo sobre cómo tratar a los cristianos. Había estado matando hombres, mujeres, niños y niñas. Eran tantos que se preguntaba si debía continuar haciéndolo. En su carta le comentaba al emperador que él había estado tratando de que los cristianos se inclinaran ante las estatuas de Trajano y que maldijeran a Cristo. De esta manera él podía darse cuenta quienes eran realmente cristianos y quienes no ya que los verdaderos cristianos nunca lo harían: Ellos nunca se arrodillarían ante ninguno que no fuese el Cristo:

"Ellos afirman, sin embargo, que toda su culpa o su error, era que ellos tenían la costumbre de reunirse un día determinado antes del amanecer y que cantaban en estrofas un himno a Cristo como a un dios: se unían en un juramento solemne de no hacer nada malo, nunca cometer fraude, robo, adulterio, nunca dar falso testimonio ni negar algo que se les hubiese confiado cuando fueran llamados a devolverlo". Cartas 10.96

LUCIANO DE SAMOSATA, un griego de mediados del siglo segundo escribe advirtiendo a la población sobre el peligro de los cristianos:

"Los cristianos adoran a un hombre hasta el día de hoy; él es el personaje distinguido que introdujo sus nuevos ritos y que fue crucificado por ello… Cómo puedes ver, estas criaturas erradas comienzan con la convicción general de que ellos son inmortales para siempre; eso explica el menosprecio de la muerte y la dedicación voluntaria que son tan comunes entre ellos. Su mismo legislador les indicó que ellos son todos hermanos, desde el momento que se convierten; niegan los dioses de Grecia, adoran al crucificado y viven de acuerdo con sus propias leyes. Todo esto lo hacen por fe, y por ello desprecian todos los bienes terrenales, considerándolos solo una propiedad común". La muerte del peregrino 11-13

CORNELIO TÁCITO. Un historiador romano, considerado el mejor en términos de exactitud histórica, dijo lo siguiente sobre Jesús:

"Pero ni toda la ayuda que pudiera venir del hombre, ni toda la generosidad que pudiera traer el príncipe, ni todas las expiaciones que pudieran presentarse a los dioses, ayudaron a liberar a Nerón de la infamia de que se creyera que él había ordenado la conflagración, el incendio de Roma. Por lo tanto, para suprimir el rumor, él falsamente hizo que cargaran con la culpa y castigó con las torturas más elaboradas a las personas llamadas comúnmente cristianos, las cuales eran odiadas por sus atrocidades. Cristo, el que originó el nombre, fue sentenciado a muerte por Poncio Pilato, procurador de Judea durante el reinado de Tiberio. Pero la superstición perniciosa, reprimida durante un tiempo, surgió de nuevo, no solo en Judea, donde se originó el engaño, sino también en la ciudad de Roma". Anales XV, 44

Cómo lo puedes notar, estos ejemplos mencionados por personas antagónicas al Cristianismo comentan de Jesús y ese movimiento llamado el Cristianismo.

Ahora bien, eso no quiere decir que sea la única información. ¿Sabías que estos ejemplos que te di, junto con otros que por cuestión de espacio no agregué, son abrumadoramente más amplios que lo que se puede decir de otros personajes históricos contemporáneos a Jesús? Puedes buscar información biográfica de varios de los césares romanos, o filósofos griegos y notarás que su información es muy escasa a pesar de que es aceptada en las universidades alrededor del mundo. En otras palabras, nunca dudarías que Sócrates existió aun cuando lo que sabemos de él, lo sabemos por Platón, no por ninguna otra fuente.

¿Necesitas más ejemplos de la historicidad de Jesús? Encontré una página electrónica, creada por el filósofo Jorge Gil: http://fundamento-firme.com/index.php/blog/entry/fuentes-antiguas-no-biblicas-1.

Allí encontrarás una serie de once artículos, escritos originalmente por Shawn White y traducidos al español por Miguel R. La serie se llama, Fuentes antiguas no bíblicas. Estos artículos presentan más evidencia histórica sobre la vida de Jesús en la Tierra.

Otro argumento en favor de la historicidad de Jesús es que además de material secular, podemos decir que la Biblia es un documento histórico confiable. En el próximo capítulo analizaremos la singularidad de la Biblia y la razón por la cual los cristianos la consideramos la Palabra de Dios. Por ahora, diremos que además de las fuentes seculares tenemos más de veinticuatro mil manuscritos del Nuevo Testamento que hablan de la vida y la obra de Jesús. Eso no ocurre con ningún otro documento histórico.

Bien, ahora que podemos decir que la historicidad de Jesús como ser humano está bien fundamentada, acompáñame a revisar otro aspecto bastante peculiar: los eventos relacionados con la muerte y la resurrección de Jesús.

Según la Biblia, Jesús mismo predijo su propia muerte.

Marcos 8:31: «Y comenzó a enseñarles que le era necesario al Hijo del Hombre padecer mucho, y ser desechado por los ancianos, por los principales sacerdotes y por los escribas, y ser muerto, y resucitar después de tres días».

En otra ocasión en Marcos 9:30-31: «Habiendo salido de allí, caminaron por Galilea; y no quería que nadie lo supiese. Porque enseñaba a sus discípulos, y les decía: El Hijo del Hombre será entregado en manos de hombres, y le matarán; pero después de muerto, resucitará al tercer día».

Y también en Mateo 20: 17-19:

Subiendo Jesús a Jerusalén, tomó a sus doce discípulos aparte en el camino, y les dijo: He aquí subimos a Jerusalén, y el Hijo del Hombre será entregado a los principales sacerdotes y a los escribas, y le condenarán a muerte; y le entregarán a los gentiles para que le escarnezcan, le azoten, y le crucifiquen; mas al tercer día resucitará.

Ahora bien, si todo fue una farsa planeada por Jesús y sus discípulos, como lo dicen algunos escépticos, entonces fue una farsa muy mal planeada. Déjame explicarte por qué.

Si yo hubiese querido crear un mito, hubiera pensado en todos los detalles. Sin embargo, hay varias circunstancias que muestran una falta de planificación. Por ejemplo, durante uno de esos episodios donde Jesús menciona su muerte, Pedro le dice que mejor no siga hablando de esas cosas. La Biblia dice en Marcos 8: 32-33: «Entonces Pedro le tomó aparte y comenzó a reconvenirle. Pero Él, volviéndose y mirando a los discípulos, reprendió a Pedro, diciendo: ¡Quítate de delante de mí, Satanás! porque no pones la mira en las cosas de Dios, sino en las de los hombres».

¿Lo ves? ¿Cómo se le ocurre a Jesús avergonzar a quien iba a ser el líder de la iglesia primitiva? Si todo fuese una farsa, entonces la mejor táctica era hacer ver a Pedro como una persona muy sabia y llena de conocimiento. Por el contrario, Pedro se muestra, una y otra vez, como un ser humano que tendía a hablar antes de pensar.

Otro aspecto interesante es que Dios les pidió a las mujeres que fuesen sus testigos oculares ante los demás. Algo que era considerado ilógico ya que el testimonio de una mujer no era considerado válido en la legislación judía de la época.

A propósito, antes de que comiences a pensar que el judaísmo era una religión retrógrada y machista, déjame darte una breve ilustración de la sociedad secular contemporánea en los tiempos de Jesús.

LA MUJER EN LA CULTURA GRIEGA

Muchas personas piensan al ver las esculturas griegas de la mujer, que ellos la tenían en alta estima. La historia, sin embargo, demuestra todo lo contrario. Permíteme darte un par de ejemplos:

Calonice en una de las obras de Aristófanes dice: "Nosotras las mujeres no podemos salir cuando queremos. Tenemos que esperar a nuestros maridos". Lysistrata 16-19

¿Sabías que en la cultura griega, los hombres tenían las esposas para la casa y sus hetaeras o amantes para las relaciones sexuales y salir a reuniones públicas?

En la obra de Eurípedes, Medea se lamentaba diciendo: "Ciertamente, de todos los seres vivos, las mujeres somos las más infelices". Medea 231-32. Y no olvides que de acuerdo con la mitología, en el relato de la caja de Pandora se le culpa a la mujer por traer la maldad al mundo.

LA MUJER EN LA CULTURA ROMANA

Para los romanos, el valor de una mujer era casi nulo. Cuando nacía un varón, el hombre de la casa se alegraba, cuando nacía una mujer, el hombre de la casa la consideraba una molestia y una carga.

Una mujer casada vivía bajo la ley Manus. Esa ley indicaba que ella estaba bajo el control total del esposo, quien era su dueño así como dueño de cualquier cosa que ella tuviera antes de casarse. Plutarco escribió lo siguiente: "Un esposo podía divorciarse de su esposa si ella salía en público sin su velo". Rómulo 22-3

Jesús, por el contrario, conversa con mujeres como lo vemos en el caso de la mujer samaritana y otros ejemplos en el Nuevo Testamento. Disfruta de la compañía de mujeres y nunca vemos una actitud de desprecio hacia ellas. Quizás, él ejemplo más claro del valor que Dios les da a las mujeres ocurre el día de su resurrección. Hacerlas sus primeros testigos oculares, algo que era totalmente inaceptable en su época, fue una demostración de amor y estima por la mujer. En Mateo 28: 9-10 dice:

> Y mientras iban a dar las nuevas a los discípulos, he aquí, Jesús les salió al encuentro, diciendo: ¡Salve! Y ellas, acercándose, abrazaron sus pies, y le adoraron. Entonces Jesús les dijo: No temáis; id, dad las nuevas a mis hermanos, para que vayan a Galilea, y allí me verán.

¿Te das cuenta? Si hubiesen planeado esto como una farsa, seguramente hubieran utilizado a Pedro u otro discípulo. Pero el pasaje relata el testimonio de las mujeres porque así sucedió.

Otro factor importante es que Jesús sufrió un gran escarnio de mano de judíos y romanos. ¿Sabías que Jesús enfrentó seis juicios en solo doce horas?

Hagamos un breve repaso acerca de la ilegalidad de los juicios.

LOS JUICIOS ILEGALES DE DIOS:

El odio que los religiosos le tenían a Jesús eran muy obvio y quedó demostrado en la forma en que le juzgaron.

En el primer juicio, fue llevado a Anás, ex sumo sacerdote de los judíos. Allí no se presentaron cargos y, como sabemos, hubo violencia contra el acusado.

En el segundo juicio, lo llevaron a Caifás, yerno de Anás. Se le acusó de decir que era el Mesías. Vinieron testigos falsos que se contradijeron. Más violencia contra el acusado.

En el tercer juicio, Jesús fue presentado ante el Sanedrín (la corte suprema en la ley judía). Se le acusó de llamarse Hijo de Dios. Estos tres juicios se realizaron de noche sin seguir el protocolo judicial judío.

En el cuarto juicio, fue llevado ante Pilato, gobernador de Judea. Se cambió la acusación a traición para poder ser crucificado. Mantuvieron preso a Jesús sin tener pruebas. Jesús no tuvo abogado defensor. Pilato lo encuentra inocente pero lo envía a Herodes de todas maneras.

En el quinto juicio, fue llevado a Herodes Antipas, gobernador de Galilea. No se presentó ninguna acusación. Herodes lo interrogó por curiosidad pero no lo juzgó. Lo envió de regreso a Pilato.

En el sexto juicio, fue llevado de regreso a Pilato. Pilato busca liberarlo dándoles una opción a los judíos pero estos, impulsados por los fariseos, exigen la crucifixión.

En estos seis juicios vemos aspectos inaceptables en lo que respecta a la jurisprudencia:

- El juez (Sumo sacerdote) no fue imparcial y no protegió al acusado.
- El arresto fue ilegal ya que fue llevado a cabo sin ninguna acusación formal.
- Los juicios e interrogatorios debían ser hechos durante el día.
- Un veredicto de culpabilidad no se podía dar el mismo día de la conclusión de un juicio. Se necesitaba un día de ayuno para ver si después de ese día el concilio cambiaba de opinión.
- Buscaron testimonio en contra del acusado.
- Un acusado no podía ser condenado por sus propias palabras.
- Los testigos se contradijeron lo cual hubiese acabado con el juicio.

Todo fue una violación de los derechos de un ser humano. Pero antes de que creas que no hubo ningún propósito en ello, mira lo que dice Pedro en Hechos 3:13-15:

El Dios de Abraham, de Isaac y de Jacob, el Dios de nuestros padres, ha glorificado a su Hijo Jesús, a quien vosotros entregasteis y negasteis delante de Pilato, cuando éste había resuelto ponerle en libertad. Mas vosotros negasteis al Santo y al Justo, y pedisteis que se os diese un homicida, y matasteis al Autor de la vida, a quien Dios ha resucitado de los muertos, de lo cual nosotros somos testigos.

Y también en Hechos 2:22-24:

Varones israelitas, oíd estas palabras: Jesús nazareno, varón aprobado por Dios entre vosotros con las maravillas, prodigios y señales que Dios hizo entre vosotros por medio de él, como vosotros mismos sabéis; a éste, entregado por el determinado consejo y anticipado conocimiento de Dios, prendisteis y matasteis por manos de inicuos, crucificándole; al cual Dios levantó, sueltos los dolores de la muerte, por cuanto era imposible que fuese retenido por ella.

Jesús murió por la humanidad. Fue una muerte real pero más importante aún. Fue una resurrección real.

He escuchado diferentes teorías que personas escépticas han mencionado acerca de este evento. Analicemos algunas de ellas:

ALGUNAS DE LAS TEORÍAS POPULARES QUE DESACREDITAN LA RESURRECCIÓN DE JESÚS

1. SE EQUIVOCARON DE TUMBA.

Era al amanecer. Las mujeres habían llorado demasiado. Estaban muy deprimidas y todas juntas estaban tan confundidas que no supieron a cuál tumba fueron.

Este argumento es difícil de apoyar ya que sería muy complicado que varias mujeres no supieran cómo llegar a la tumba. Una tal vez, dos, quizás pero cuatro o más mujeres sería imposible. Por otro lado esta teoría más bien parece denigrar a la mujer, ¿no crees?

2. ROBARON EL CUERPO.

Si fue así, ¿por qué ninguno de los seguidores de Cristo después de ser torturado o martirizado dijeron dónde estaba el cuerpo? ¿Acaso todos pudieron haber sido tan valientes para guardar una mentira cuando se enfrentaban a la muerte?

3. JESÚS EN REALIDAD NO MURIÓ, SOLO SE DESMAYÓ.

Esta teoría es muy complicada. Primero, Jesús tuvo que haber aguantado desangrarse durante tres días, por causa de la lanza que lo traspasó. Segundo, tuvo que haber estado sin tomar agua durante tres días, porque los guardias estaban afuera cuidando el sepulcro. Tercero, Jesús, después de haber sido escarnecido, debió haber tenido la suficiente fuerza para mover una piedra que seguramente pesaba toneladas. Cuarto, tuvo que haberlo hecho en silencio para que no se dieran cuenta los guardias. Y quinto, tuvo que haber doblado el manto y la tela que le cubría la cabeza, además de salir desnudo sin llamar la atención del pueblo. Espero que te des cuenta que ninguna de estas teorías tiene ningún peso en realidad. Entonces, si las mujeres no se equivocaron. Si los discípulos no se robaron el cuerpo y si Jesús no se desmayó sino que murió realmente. Solo algo pudo haber ocurrido. Realmente resucitó. Y si lo hizo, quiere decir que todo lo que dijo él de sí mismo era real. Él es Dios encarnado que vino a este mundo para salvar a la humanidad del pecado. Pablo, el apóstol, dijo en 1 Corintios 15:14: «Si Cristo no resucitó, vana es entonces nuestra predicación, vana es también nuestra fe». Una declaración muy clara que nos obliga a decidir de que lado estamos. O creemos que Jesús verdaderament resucitó o admitimos que el Cristianismo está fundamentado en una falsedad. Me parece que la evidencia apunta a un solo resultado: Jesús existió y su resurrección fue real.

LA CONFIABILIDAD DE LA BIBLIA

Uno de los argumentos más utilizados en contra del Cristianismo tiene que ver con la Biblia. Para mucha gente es difícil creer que un documento escrito hace tantos años pueda mantenerse intacto.

La premisa es aceptable. Piensa en aquel famoso juego de "teléfono descompuesto", ¿lo recuerdas? Varias personas se sientan en un círculo. Una de ellas comienza con algun dicho o relato breve, se lo dice al oído a la persona que está a su lado. De allí en adelante, cada persona que escucha la versión del relato, lo repite a la persona que está a su lado y así sucesivamente. Después de que todos han hecho eso, el último que recibió el relato tiene que decir, en voz alta, lo que le dijeron. Es muy divertido escuchar que lo que originalmente se dijo y lo que finalmente llegó a los oídos del último participante. Esto último, usualmente, es totalmente diferente.

Muchas personas piensan que lo mismo podría haber sucedido cuando la gente transmitió de manera oral los relatos de la Biblia. Piensan que al empezar a escribir estos relatos en rollos o papel, las copias podrían haber tenido muchos errores, y por lo tanto, la Biblia que tenemos en la actualidad, no sería confiable.

Ciertamente han pasado muchos años. De eso no hay duda. Y si a eso le agregamos que los primeros manuscritos del Nuevo Testamento pueden ser fechados desde el año cincuenta después de Cristo y los manuscritos del Antiguo Testamento, al menos unos mil años antes de Cristo, no es de extrañar entonces que haya muchas personas escépticas con respecto a la confiabilidad de la Biblia.

Antes de continuar, me gustaría citar las palabras de Pablo a Timoteo: «Toda la Escritura es inspirada por Dios, y útil para enseñar, para redargüir, para corregir, para instruir en justicia, a fin de que el hombre de Dios sea perfecto, enteramente preparado para toda buena obra». 2 Timoteo 3: 17-18

Al menos para Pablo, toda -y enfatizo- toda la Escritura fue inspirada por Dios. En otras palabras, Dios iba guiando lo que los escritores ponían en los manuscritos. Si eso es así, entonces dos factores deben ser determinantes para comprobar su confiabilidad:

La evidencia tiene que ser más que suficiente, quizás hasta el punto de ser abrumadora en lo que respecta a demostrar su confiabilidad en la actualidad.

La Biblia que tenemos ahora debería haber sido preservada intacta en su contenido.

Comencemos con los siguientes datos que, a propósito, son muy interesantes. Los eruditos han presentado los siguientes datos sobre la Biblia:

- Fue escrita en un período de 1,600 años.
- Fue escrita durante 60 generaciones.
- Fue escrita por más de 40 autores de diferentes clases sociales. Entre ellos reyes, campesinos, filósofos, pescadores, poetas, doctores, etc.
- Fue escrita en diferentes lugares: El desierto, un calabozo, colinas, palacios, prisiones, etc.
- Fue escrita en épocas diferentes: En tiempos de paz, de guerra, de cautiverio.
- Fue escrita durante diferentes momentos: Algunos escribieron desde las alturas del gozo y otros desde la profundidad del sufrimiento y la desesperación.

- Fue escrita en tres continentes diferentes: Asia, África y Europa.
- Fue escrita en tres lenguajes: Arameo, hebreo y griego.[1]

Son aspectos muy interesantes, ¿no te parece? Sin embargo, la pregunta obligada debería ser ¿Es la Biblia actual la misma que la que la iglesia primitiva leyó?

Para responder a esa pregunta debemos analizar un campo literario muy utilizado por los eruditos cuando se desea investigar un documento antiguo: La prueba bibliográfica.

La prueba bibliográfica se compone de siete factores: Materiales, tamaño y forma de las letras, puntuación, divisiones del texto, ornamentación, color de la tinta, la textura y color del pergamino. Una vez que estos aspectos se han investigado, podemos decir que un documento puede ser confiable. Eso no quiere decir que el documento no sea ficticio. Ese es otro tema. Pero por lo menos podemos afirmar que fue escrito en cierta época acorde con los factores ya mencionados.

Después de la invención de la imprenta, la trasmisión de cualquier documento ha sido bastante confiable, debido a que las placas para la imprenta eran las mismas con cada copia. El problema, claro está, tiene que ver con documentos escritos o compuestos antes de la invención de la imprenta. De allí que la prueba bibliográfica sea tan importante con tales documentos.

La prueba bibliográfica no solamente ha sido usada con la Biblia, sino también con otros documentos antiguos.

Por ejemplo, gracias a la prueba bibliográfica, hemos descubierto copias de documentos de Plinio el joven que datan aproximadamente del año 850 después de Cristo. También copias del comentario de un César sobre las Guerras gálicas del siglo noveno después de Cristo. Copias de escritos de Platón en el año 900 después de Cristo, etc.

Cómo te imaginarás, esos y otros muchos documentos similares son muy valiosos para conocer hechos de la historia del mundo a través de los siglos.

Quizás estarás pensando: "Bueno, pero Platón vivió antes que

Jesús, ¿cómo es que solo hay escritos de él hasta esa fecha?" Tendrías mucha razón en preguntarte algo así. La respuesta es sencilla. Aun cuando la redacción de esos escritos de Platón debió haberse dado unos cuatrocientos años antes de Cristo, las únicas copias que se mantienen en existencia son de aproximadamente 1.300 años de intervalo entre el original y las copias. Cualquiera debería poner en duda la confiabilidad de un documento así, ¿no lo crees? Sin embargo, hasta la fecha, no he leído o escuchado a algún profesor universitario de literatura universal que desconfíe de lo que Platón haya escrito o que diga que seguramente no fueron sus palabras.

En contraste, mucha gente duda que las palabras que leen en la Biblia sean lo que originalmente se escribió.

Otro aspecto que debemos observar es cuántas copias de manuscritos tenemos.

A manera de comparación utilizaré nueve personajes célebres. Veremos cuántas copias tiene cada uno de sus escritos.

- Guerras Gálicas del César: 251 copias
- Las tetralogías de Platón: 210 copias
- Los anales de Tácito: 31 copias
- Historia Natural de Plinio, el anciano: 200 copias
- Historia de Tucídides: 96 copias
- Historia de Herodoto: 109 copias
- Sófocles: 193 copias
- Demóstenes: 340 copias

.¿Tiene la Biblia menos copias que los escritos de Platón y su intervalo entre el original y las copias es mayor? Buena pregunta. Antes de contestarla, me gustaría agregar un gráfico que puede darte una comparación con varios de los documentos o escritores más populares de la literatura antigua. Eso te dará una perspectiva más clara cuando los comparemos con la Biblia. Estos datos pertenecen a la información provista por el Christian Research Institute en el año 2012 en su articulo: The Bibliographical Test Updated:

AUTOR	LIBRO	FECHA DE REDACCIÓN	COPIAS MÁS ANTIGUAS	INTERVALO	CANTIDAD DE COPIAS
César	Guerras Gálicas	100-44 A.C.	9 D.C.	950 años	251
Platón	Tetralogías	400 A.C.	895 D.C.	1300 años	210
Tucídides	Historia	900 D.C.	1300 años	1350 años;	96
Tácito	Anales	100 D.C.	1100 D.C.	750-950 años	31
Sofocles	Obras.	496-406 D.C.	3 D.C.	100-200 años	193
Herodoto	Historia	480-425 A.C.	9 D.C.	1,350 años	109

Pero sería irresponsable no usar la obra literaria antigua que más copias tiene aparte de la Biblia. Así que veamos.

AUTOR	LIBRO	FECHA DE REDACCIÓN	COPIAS MÁS ANTIGUAS	INTERVALO	CANTIDAD DE COPIAS
Homero	La Ilíada	800 A.C.	400 A. C.	400 años	1,800

La obra antigua, La Iliada de Homero, es la obra que tiene más copias. Se dice que tiene mil ochocientas copias. Efectivamente son bastantes pero ¿se compara con las copias que tenemos del Nuevo Testamento?

LIBRO	FECHA DE REDACCIÓN	COPIAS MÁS ANTIGUAS	INTERVALO	CANTIDAD DE COPIAS
Nuevo Testamento	50-100 D.C.	130 D.C.	50 años	24,632

No pases por alto este dato. Si alguien nos pregunta: ¿Cuántas son las copias de los manuscritos del Nuevo Testamento? La respuesta es 24,632 copias que se componen de 5,838 copias en lenguaje griego y 18,524 en otros idiomas.

¿Qué te parece? Es asombrosa la cantidad de copias que se tienen del Nuevo Testamento.

Muy bien, entonces podemos afirmar que en términos de cantidad de copias, la evidencia es abrumadora en favor de la Biblia, demostrando así, su confiabilidad en términos de cantidad de copias. Pero hay otro aspecto que ha probado ser aún más impresionante.

Podrías decir, y con razón, que de nada sirve tener miles de copias si ellas se contradicen. Es cierto. Por eso, ahora nos toca analizar el segundo factor de confiabilidad antes mencionado: La Biblia que tenemos ahora debería haber sido preservada intacta en su contenido.

Un poquito de historia nos ayudará a examinar la evidencia.

Antes de 1947, las copias más antiguas de los manuscritos de la Biblia que se conocían eran del siglo diez después de Cristo. Eso significa que nadie podía estar seguro si lo que leíamos en una Biblia impresa del siglo veinte era exactamente lo mismo que los autores habían escrito en la época bíblica. Pero en el año 1947, un gran descubrimiento ocurrió. Vayamos a la historia:

Al este de la ciudad de Jerusalén, se encuentra un lugar llamado Qumran al borde del Mar Muerto. Allí hay varias cuevas que, por su difícil acceso, pasaron desapercibidas por muchos siglos. Según la versión oficial de la página electrónica de Israel Antiquites Authority, "un pastor beduino de la tribu de Ta'amireh se fue en busca de un cabrito que se había perdido. En medio de la búsqueda, se encontró con una de las cuevas e intrigado lanzó una piedra en su interior. El sonido que escuchó, segundos después, fue como el de un jarrón cuando se quiebra. Decidió entrar y tropezó con el mayor descubrimiento del siglo".[1]

Digo que esa es la versión oficial porque después de indagar sobre Jum'a y Muhammed ed-Dib (los nombres de quienes afirmaron haber descubierto los rollos) se descubrió que ambos ya tenía problemas con la ley por andar robando y otros actos de delincuencia. Es muy probable que lo que realmente sucedió fue que estos tipos encontraron la primera cueva y al hallar los jarrones, su intención fue robarlos y venderlos al mejor postor.

Claro está, ellos no sabían la importancia de los rollos pero sabían dónde venderlos. Kando, un distribuidor de antigüedades beduino compró siete rollos y Sahali, otro distribuidor, compró tres rollos. Luego estos rollos fueron vendidos a Samuel, un arzobispo del monasterio ortodoxo de Siria en Jerusalén.

Poco tiempo después, el profesor Eliezer Lipa Sukenik, al saber de los rollos, fue a investigarlos. Esto fue parte de lo que dijo al darle un vistazo a uno de los rollos:

"Mis manos temblaban mientras abría uno de ellos. Leí unas pocas oraciones en un párrafo. Estaban escritas en un hebreo bíblico hermoso. El lenguaje era como el de los Salmos, pero el texto era desconocido para mí. Seguí observando y leyendo y súbitamente me llegó el sentimiento que tenía el privilegio de mirar un rollo hebreo que seguramente no había sido leído por más de dos mil años".[2]

Bueno, como es de suponerse, inmediatamente comenzaron las investigaciones arqueológicas y después de varias conversaciones entre dignatarios, científicos, arqueólogos y oficiales, se llegó a la conclusión que el descubrimiento de los Rollos del Mar Muerto ha sido el descubrimiento bíblico más importante en términos de cultura y religión.

Este descubrimiento provocó la alegría de muchos cristianos alrededor del mundo pero al mismo tiempo despertó una idea que por mucho tiempo solo se comentaba como susurro: Si la Biblia es tan antigua, ¿cómo sabemos que lo que tenemos ahora es realmente lo que escribieron los autores? Los escépticos que se burlaban de la falta de veracidad de la Biblia decían que ahora que se habían encontrado documentos anteriores al siglo diez, la gente podría notar la gran cantidad de contradicciones que se presentarían y de esa forma demostrar la falsedad de un documento llamado por muchos "La Palabra de Dios".

Permíteme citar lo escrito por Josh McDowell en un libro que creo que explica la asombrosa manera en que Dios ha preservado su palabra: "Entre los rollos encontrados en las cuevas de Qumram, se encontraba un manuscrito completo del texto hebreo de Isaías. Los paleógrafos lo fechan aproximadamente como un documento del año 125 antes de Cristo. Este manuscrito tiene un intervalo de más de mil años con cualquier otro manuscrito que se tenían del siglo diez después de Cristo."[3]

Era la evidencia que se necesitaba. Los escépticos solo tenían que comparar ese texto antiguo con el del manuscrito del siglo diez después de Cristo. Así probarían los errores. Se utilizó el capítulo 53 de Isaías a modo de comparación entre ambos textos. Esto fue lo que se demostró:

"De las 166 palabras del capítulo 53 de Isaías, solo se cuestionan diecisiete letras. Diez de estas letras tienen que ver con asuntos de ortografía que no afectan el significado. Cuatro letras más son asunto de estilo tales como conjunciones. Las restantes tres letras forman la palabra "luz", la cual fue agregada al versículo once, pero no afecta notablemente su significado. Además, esta palabra tiene apoyo de la Septuaginta y también del otro rollo IQ IS (el otro rollo de Isaías encontrado en las cuevas del Mar Muerto).[4]

En otras palabras, la exactitud del texto es del 99.5%. Eso quiere decir que el 0.5% restante tiene que ver con manchas de la pluma y ortografía.

Eso quiere decir que después de más de mil años de diferencia entre dos manuscritos, solo se halla una palabra de tres letras en un capítulo de 166 palabras. Y esas letras no afectan el significado o el contexto del pasaje. Eso es asombroso ya que no existe ningún otro documento antiguo del que se pueda decir lo mismo.

Es por eso que el cristiano puede afirmar con gran convicción las palabras de Mateo 24: 35: «El cielo y la tierra pasarán, mas mi Palabra no pasará».

CONCLUSIÓN

Hemos aprendido sobre los mitos y cómo refutarlos. Sin embargo, estoy seguro que seguirán saliendo más y más "paralelismos" conforme las universidades liberales y los medios de comunicación continúen reescribiendo la historia. Por esa razón es importante que nuestros diálogos con las personas sean diálogos productivos y no solo ejercicios vacíos de intelectualidad.

Encontré unas sugerencias escritas por Lenny Esposito y pienso que serán muy útiles cuando conversemos con aquellos que suponen que los mitos o paralelismos son ciertos.

- Hay que observar si se utilizan términos judíos o cristianos con deidades paganas. Es usual escuchar que se usen términos como "Mesías" aplicados a otras deidades cuando en realidad esos términos solo aplican al Cristianismo. Al usarlos con deidades paganas la gente se confunde y piensa que las similitudes son más cercanas de lo que en realidad son.
- Solicita siempre las fuentes originales de esos paralelismos. Muchas veces nos dicen algo y cuando preguntamos de donde surgió tal idea, por lo general, nos damos cuenta que no se tienen las fuentes originales. Es interesante que al hacer la investigación encontramos que la fuente original no tiene ninguno de esos supuestos paralelismos que se mencionan.

- Solicita que se definan bien los términos. Por ejemplo, si hablan de resurrección de una deidad pagana, pregunta cual era la definición de esa palabra para tal religión pagana. Constantemente notaremos que los conceptos son completamente diferentes.[1]

MATERIAL COMPLEMENTARIO RECOMENDADO

La idea de este libro es poder ayudar a las personas a diferenciar entre el mito y la realidad. Quisiera poder recomendarte fuentes y materiales en español que te pudiera ayudar en esta investigación. Lamentablemente son escasos. Pero si entiendes el idioma inglés también te presento una lista de recursos que te pueden ayudar:

ESPAÑOL

1. Jorge Gil es un gran filósofo y apologeta. Encontrará en su página electrónica mucho material de apoyo: http://www.fundamentofirme.com/.
2. Visión para Vivir: http://visionparavivir.org/.
3. El ministerio de Ravi Zacharias: http://rzim.org/about/rzim-en-espanol.
4. Ministerio de Apologética MIAPIC : http://www.miapic.com/.
5. Centro de Investigaciones Religiosas: http://defensadelafe.org/.
6. Ministerio de Josh McDowell: http://www.josh.org/.

INGLÉS

1. Ronald Nash, "Was the New Testament Influenced by Pagan Religions" Christian Research Institute Journal, http://www.iclnet.org/pub/resources/text/cri/cri-jrnl/web/crj0169a.html. Página visitada el 3 de marzo de 2005.
2. Ben Witherington, "The Zeitgeist of the 'Zeitgeist Movie' ", http://benwitherington.blogspot.com/2007/12/zeitgeist-of-zeitgeist-movie.html. Página visitada el 5 de febrero de 2014.

3. Mike Licona, "A Refutation of Acharya S's book, The Christ Conspiracy", http://www.risenjesus.com/a-refutation-of-acharya-ss-book-the-christ-conspiracy. Página visitada el 8 de febrero de 2014.

4. Willian Lane Craig, "Jesus and Pagan Mythology", Reasonable Faith with William Craig, http://www.reasonablefaith.org/jesus-and-pagan-mythology. Página visitada el 8 de febrero de 2014.

5. Always Be Ready Apologetics Ministry, "Analysis and Response to Zeitgeist Video", http://www.alwaysbeready.com/zeitgeist-the-movie. Página visitada el 8 de marzo de 2014.

6. Ministerio Come Reason, "How to Quickly Debunk the Horus-Jesus Myth", http://apologetics-notes.comereason.org/2015/02/how-to-quickly-debunk-horus-jesus-myth.html. Página visitada el 9 de marzo de 2014.

7. The Zeitgeist Challenge, http://zeitgeistchallenge.com/. Página visitada el 8 de marzo de 2014.

8. Edward L. Winston, Zeitgeist—Part I: The Greatest Story Ever Told, November 29th., 2007, http://conspiracies.skepticproject.com/articles/zeitgeist/part-one/. Página visitada el 9 de marzo de 2014.

9. David E. Anderson, "Was Jesus A Copycat Savior?", http://www.kingdavid8.com/_full_article.php?id=fe54916c-64bc-11e1-8f66-6067e33f8f11. Página visitada el 12 de marzo de 2014.

10 "Evidence for Jesus and Parallel Pagan 'Crucified Saviors' Examined", http://www.philvaz.com/apologetics/JesusEvidenceCrucifiedSaviors.htm. Página visitada el 13 de marzo de 2014.

11.Stephen J. Bedard, "Jesus Myth Theory," Hope's Reason (blog), http://www.stephenjbedard.com/jesus-myth/. Página visitada el 8 de febrero de 2014.

VIDEOS

1. Elliot Nesch, "Zeitgeist Refuted Final Cut: Response to Zeitgeist, Part I": https://www.youtube.com/playlist?list=PLE336504BEBE7BCF0. Video visto el 9 de mayo de 2014.
2. Dr Craig Videos, Did Greco Roman Myths About Dying and Rising Gods Influence the Gospel Accounts of the Resurrection? https://www.youtube.com/watch?v=peoGUzj81TY. Video visto el 12 de junio de 2014.

LIBROS

1. Ed Kkomoszweski, James Sawyer, y Daniel Wallace, Reinventing Jesus, Kregel Publications, a division of Kregel Inc. 2006.
2. Ronald H. Nash, The Gospel and the Greeks: Did the New Testament Borrow from Pagan Thought?, Christian Free University Curriculum, 1992.
3. David E. Anderson, Myth? A Response to the Arguments Against Jesus' Historicity, 2001.

Todo lo que hice en este libro fue investigar las mentiras que la Internet y algunos medios de comunicación antagónicos al Cristianismo plantean. Encontrar las respuestas verdaderas no es difícil.

Eso lo puedes hacer tú también. Cuando alguien llegue a decirte algo que suene extraño o te ponga a dudar, solo tienes que investigar y te darás cuenta de que la verdad es siempre más poderosa que cualquier mito o mentira inventada en contra de Jesucristo.

Habiendo dicho esto, es posible que te estés preguntando por qué he hecho todo este trabajo para refutar los mitos de los supuestos paralelismos y plagios.

La razón por la cual recopilé toda esta información refutando esos mitos eres tú.

Espero que ya tengas una relación personal con Cristo y este material te ayude a afirmar tu fe. Pero en caso que no seas cristiano aún, espero que las respuestas que encontré te hayan dado suficiente confianza de que Jesús realmente te ama y por eso no desea que te confundas con engaños camuflados.

Te aseguro que fue fácil encontrar las respuestas a esos mitos. Como notaste, muchas de las fuentes que utilicé no eran de raíz cristiana y lo hice con la intención de que te des cuenta que hasta personas de otra perspectiva teológica tampoco aceptan las mentiras de esos mitos.

Quisiera que hicieras una pausa en la lectura de este libro para hacerte algunas preguntas que solo tú puedes responder: La Biblia dice que tú y yo somos pecadores, eso quiere decir que por nosotros mismos no podemos salvarnos: "Por cuanto todos pecaron, y están destituidos de la gloria de Dios" Romanos 3:23

También nos dice que el resultado de pecar es la muerte eterna. Eso significa una separación total de nosotros y nuestro Creador en el infierno. "Porque la paga del pecado es muerte." Romanos 6: 2 3

Y si piensas que Dios es injusto por mandarte al infierno. Permíteme recordarte que no es la intención de Dios que acabes en el infierno: "Porque no envió Dios a su Hijo al mundo para condenar al mundo, sino para que el mundo sea salvo por Él. El que en él cree, no es condenado; pero el que no cree, ya ha sido condenado, porque no ha creído en el nombre del unigénito Hijo de Dios". Juan 3: 17-18.

No obstante, esta es la razón por la que llamamos a la Biblia, el Santo Evangelio. Le llamamos así porque la palabra evangelio significa: buenas noticias. ¿Y cuáles son esas buenas noticias? Las buenas noticias son que aunque nuestro pecado nos puede llevar al infierno, Dios, por su amor, nos da un regalo y ese regalo se llama la Vida Eterna. Todas las demás religiones siempre te dirán que para obtener una mejor vida, la iluminación, el nirvana, la deidad, etc. tú necesitas hacer algo. Pero en el Cristianismo, es todo lo contrario. Tú no tienes que hacer nada pues de todas maneras nada podrías hacer para obtener tu salvación. Fue Cristo que por amor a ti, decidió ponerse en tu lugar y sufrir el castigo que tú y yo recibiríamos. Él murió en una cruz llevando tus pecados:

"Porque de tal manera amó Dios al mundo que ha dado a su Hijo uni-génito para que todo aquel que en él crea no se pierda, mas tenga vida eterna" Juan 3:16

¡Así de sencillo y totalmente gratis! No les creas a los charlatanes que te digan que para obtener la salvación debes hacer algo o pagar algo o dejar tu cerebro sin trabajar.

Jesús te conoce, Él sabe lo que estás pasando y está muy enamorado de ti. ¡En serio! ¡Jesús realmente te ama!

Ahora te toca a ti responder a las siguientes preguntas:

¿Crees que realmente Jesús te ama?

¿Crees que realmente murió por ti para que tengas vida eterna?

Espero que realmente tus respuestas sean afirmativas. No porque creas que así yo gano más puntos con Dios, sino porque el hecho de que estés leyendo este libro es una muestra de que Dios se preocupa por ti.

Quizás hasta te preguntes cómo puedes aceptar esa salvación de Jesucristo. Muy sencillo. Solo tienes que decirle a Jesús, de corazón, que deseas que Él sea el dueño de tu vida. No te preocupes, no tienes que ir a un templo para hacer eso. Allí mismo donde estás leyendo estas palabras. Recuerda. Jesús es Dios y por eso puede estar a tu lado en este momento. Por supuesto que no lo vas a ver, pero te aseguro que si le pides con sinceridad que entre en tu corazón, él lo hará.

Si le has pedido a Dios que sea el Salvador de tu vida, te animo a que busques una iglesia cristiana donde se enseñe realmente la Palabra de Dios. Que Dios te bendiga.

Hubert Valverde

NOTAS

CAPÍTULO 1

1. Catherine Beyer, Zoroastrianism, http://altreligion.about.com/od/ alternativereligionsaz/a/zoroastrianism.htm. Página visitada el 1 de abril de 2014.
2. Encyclopedia Britannica, Zoroastrianism, http://www.britannica.com/EBchecked/ topic/658081/Zoroastrianism. Página visitada el 1 de abril de 2014.
3. Walter Martin, The Kingdom of the Cults, Zoroastrianism. Bethany House Publishers, 2003
4. Catherine Beyer, Zoroastrianism, http://altreligion.about.com/od/ alternativereligionsaz/a/zoroastrianism.htm. Página visitada el 1 de abril de 2014.
5. Michael Gleghorn, Did Christianity really come from Zoroastianism? https://www. probe.org/did-christianity-really-come-from-zoroastrianism/ Página visitada el 1 de abril de 2014.
6. Jackson, A.V. Williams, Zoroaster the Prophet of Ancient Iran. New York: AMS Press, 1965
7. Tektonics, Zoroaster vs Jesus, http://tektonics.org/copycat/zoroaster.php. Página visitada el 1 de abril de 2014.

CAPÍTULO 2

1. Manfred Clauss The Roman Cult of Mithras. Páginas 168-169).
2. John R. Hinnells (Editor). Mithraic Studies: Proceedings of the First International Congress of Mithraic Studies. Manchester U. Press, 1975. Página 59 y página 173.
3. Ronald Nash, Christianity and the Hellenistic World. Zondervan Publishing 1984, Página 144.

CAPÍTULO 3

1. April Holloway, Archeologists discover Mythical Tomb of Osiris, God of the Dead, in Egypt, http://www.ancient-origins.net/news-history-archaeology/archeologists-discover-mythical-tomb-osiris-god-dead-egypt-002525. Página visitada el 15 de enero de 2015.
2. How to Read Egyptian Hieroglyphs, Mark Collier & Bill Manley, British Museum Press 1998, página 42.
3. Ancient Egypt Online. Osiris, http://www.ancientegyptonline.co.uk/Osiris.html. Página visitada el 15 de abril de 2014.
4. Article uploaded by Sabrinna Higgins. Divine Mothers: The Influence of Isis on the Virgin Mary in Egyptian Lactans-Inconography. http://www.academia.edu/1954926/ Divine_Mothers_The_Influence_of_Isis_on_the_Virgin_Mary_in_Egyptian_Lactans-Iconography. Página visitada el 15 de abril de 2014.
5. Oxford Encyclopedia, Vol 2, "Horus" Página 121.
6. All about Horus. http://www.philvaz.com/apologetics/HORUS.htm. Página visitada el 17 de abril de 2014.
7. Oxford Encyclopedia, Vol 2, "Isis". Pagina 188.
8. All about Horus. http://www.philvaz.com/apologetics/HORUS.htm. Página visitada el 17 de abril de 2014.
9. Ibid.
10. Ibid.

CAPÍTULO 4

1. Preguntas Frecuentes. http://www.harekrishna.es/preguntas-frequentes/ Página visitada el 17 de abril de 2014.
2. Ibid./
3. Quienes sois. http://www.harekrishna.es/quienes-sois/ Página visitada el 17 de abril de 2014.
4. Sacred Text, Mahabharata Libro 12, Sección XLVIII. http://www.sacred-texts.com/hin/m12/m12a047.htm . Página visitada el 17 de abril de 2014.
5. Brown, C. Mackenzie (Dec 1983). "The Origin and Transmission of the Two "Bhāgavata Purāas": A Canonical and Theological Dilemma". Journal of the American Academy of Religion (Oxford University Press) Páginas 551–567
6. http://www.thedevineevidence.com/jesus_similarities.html. Página visitada el 17 de abril de 2014.

CAPÍTULO 5

1. Tammuz or Dummusi. http://www.philvaz.com/apologetics/JesusEvidenceCrucifiedSaviors.htm#Tammuz. Página visitada el 18 de abril de 2014.
2. Jonathan Z Smith, Encyclopedia of Religion, "Dying and Rising Gods", 1987. Vol 4. Páginas 525–526
3. Carrier,Richard. Kersey Graves and The World's Sixteen Crucified Saviors, http://infidels.org/library/modern/richard_carrier/graves.html. Página visitada el 18 de abril de 2014.
4. Carrier, Richard. Was Christianity Too Improbable to Be False? http://infidels.org/library/modern/richard_carrier/improbable/crucified.html. Página visitada el 18 de abril de 2014.
5. Jonathan Z Smith, Encyclopedia of Religion, "Dying and Rising Gods", 1987. Vol 4. Páginas 525–526
6. http://www.philvaz.com/apologetics/JesusEvidenceCrucifiedSaviors.htm#Tammuz. Página visitada el 18 de abril de 2014.

CAPÍTULO 6

1. Gupta, Nijay, Did the ancient Greeks think their statues were alive? http://cruxsolablog.com/2011/01/08/did-the-ancient-greeks-think-their-statues-were-alive/. Página visitada el 18 de abril de 2014. También: The Gods of Ancient Greece: Identities and Transformations Chrysostom's homilies to the populace of Antioch. Cratylus, Republic VI y el Acta Desii. ELS 5; Edinburgh: Edinburgh University Press, 2010.
2. Smith, Jonathan Z., Drudgery Divine, The University of Chicago Press. Página 101

CAPÍTULO 7

1. BDEA Inc and BuddhaNet, Gautama Buddha, http://www.buddhanet.net/e-learning/buddhistworld/buddha.htm. Página visitada el 20 de abril de 2014.
2. The Buddha-Carita or Life of Buddha. Translated into English by Edward B. Cowell, http://www.ancient-buddhist-texts.net/Texts-and-Translations/Buddhacarita/Buddhacarita.pdf. Página visitada el 20 de abril de 2014.
3. Tekton Apologetics, Buddha vs Jesus, http://www.tektonics.org/copycat/buddha01.php. Página visitada el 20 de abril de 2014.
4. Sawhney, Clifford, The World's Greatest Seers and Philosophers. Clifford Sawhney. https://books.google.com/books?id=YUvLhVrizAoC&pg=PT112&dq=He+died+at+Kusi

nagar+in+483+B.C.&hl=en&sa=X&ei=1t8aVeXeMonioASq-
oHQCg&ved=0CDcQ6AEwBA#v=onepage&q=He%20died%20at%20Kusinagar%20
in%20483%20B.C.&f=false. Página visitada el 21 de abril de 2014.

5. BDEA Inc and BuddhaNet, Kusinara, http://www.buddhanet.net/e-learning/
   buddhistworld/kusinaga.htm. Página visitada el 21 de abril de 2014.

6. Sacred Texts, Diamond Sutra, http://www.bl.uk/onlinegallery/sacredtexts/diamondsutra.
   html. Página visitada el 21 de abril de 2014.

7. Microsoft Encarta Encyclopedia, Buddhism, http://www.comereason.org/pagan-origins-
   of-christianity.asp#Encarta. Página visitada el 21 de abril de 2014.

CAPÍTULO 8

1. Olympians, Zeus, http://www.greekmythology.com/Olympians/Zeus/zeus.html. Página
   visitada el 21 de abril de 2014.

2. Jenkins, Serena, Who are Zeus' brothers?, http://www.answers.com/topic/zeus y http://
   www.greecetravel.com/greekmyths/crete1.htm. Página visitada el 21 de abril de 2014.

CAPÍTULO 9

1. Apollodurus Library, Book 2, Capítulo 4, Section 8 Hércules (2.4.8) Diodorus, Book 4,
   Capítulo 9, Section 1-7, Heracles (4.9.1–7)

2. Encyclopedia of Greek Mythology, Hércules. http://www.mythweb.com/encyc/entries/
   heracles.html. Página visitada el 22 de abril de 2014.

CAPÍTULO 10

1. Real Academia Española, Zodiaco. http://lema.rae.es/drae/?val=zodiaco. Página visitada
   el 22 de abril de 2014.

CAPÍTULO 11

1. National Geographic Essential Visual History of World Mythology, Quetzalcóatl Página
   390.

2. Ibid., 391.

3. Ibid.

4. President John Taylor, The Mediation and Atonement, (Salt Lake City: Desert News,
   1882), Página 201.

5. McConkie, Bruce R., Mormon Doctrine. Página 614

6. Sorenson, John L., An Ancient American Setting for the Book of Mormon.

7. Archeological and Historical Evidence, Quetzalcóatl, http://www.supportingevidences.
   net/quetzalcoatl. Página visitada el 24 de abril de 2014.

8. Skeptical Mormon Skeptic, Who was Quetzalcóatl, http://mormonskeptic.blogspot.
   com/2007/06/who-was-quetzalcoatl.html. Página visitada el 24 de abril de 2014.

9. Reader's Digest Association, Reader Digest's Mysteries of the Ancient Americas.
   Quetzalcóatl, 1986

10. Quetzalcóatl, la serpiente emplumada, http://www.historiayleyendas.com/america/
    centroamerica/QUETZALCOATL_LA_SERPIENTE_EMPLUMADA.htm. Página
    visitada el 24 de abril de 2014.

11. Ibid.

12. Mateo Larsen, PowerPoint Presentation, www.ux1.eiu.edu/~cfcca/Quetzalcoatl10.ppt.
    Archivo visitado el 24 de abril de 2014.

13. Navarro, Juan, Postmodernismo y metaficción historiográfica: una perspectiva
    interamericana, https://www.academia.edu/187109/

Postmodernismo_y_metaficci%C3%B3n_historiogr%C3%A1fica_una_perspectiva_ interamericana, página 77 del archivo PDF. Página visitada el 24 de abril de 2014.

14. Uploaded by ClonXX. Mito de Quetzalcóatl, http://www.scribd.com/doc/56743307/ Mito-de-Quetzalcoatl#scribd. Página visitada el 24 de abril de 2014.

15. Biblion-Thekes Blog, Quetzalcóatl, mito Azteca, http://biblion-thekes.blogspot. com/2010/11/quetzalcoatl-mito-azteca.html. Página visitada el 24 de abril de 2014.

16. Allen, Joseph L. Exploring the Lands of the Book of Mormon. Capítulo 14.

17. Carrasco, David, Quetzalcoatl, and the Irony of Empire, University of Chicago Press, 1982. Página 12.

18. Hedrick, Biasil C, Illinois Museum of Art. http://www.lumenartis.net/index.php?main_ page=product_info&products_id=211. Página visitada el 24 de abril de 2014.

19. Skeptical Mormon Skeptic, Who was Quetzalcóatl, http://mormonskeptic.blogspot. com/2007/06/who-was-quetzalcoatl.html. Página visitada el 24 de abril de 2014.

20. Phillips, Ruth Ann, Pre-Columbian Revival, 2007. Página 84.

CAPÍTULO 12

1. Lutzer, Erwin, The Da Vinci Deception, Tyndale House Publishers, 2006. Página 21.

2. Bock, Darell L., Descubra los Misterios del Código Da Vinci, Thomas Nelson Publisher. Página 58.

3. Habermas, Gary, "The New Gnosticism", The Historical Jesus, College Press Publishing Company 1996.

4. Bock, Darell L., Descubra los Misterios del Código Da Vinci, Thomas Nelson Publisher. Página 58.

5. Lutzer, Erwin, The Da Vinci Deception, Tyndale House Publishers, 2006. Página 22.

6. -Green, Frederica Mathewes-Green, What Heresy, http://frederica.com/writings/what-heresy.html. Página visitada el 2 de julio de 2005.

7. Rose Publishing pamphlet, Answers to the Dan Vinci Code.

8. Coptic, The history of the Coptic Language, http://www.coptic.org/language/ stshenouda1.htm. Página visitada el 2 de julio de 2005.

9. Bock, Darell L., Descubra los Misterios del Código Da Vinci, Thomas Nelson Publisher. Página 18.

10. Lutzer, Erwin, The Da Vinci Deception, Tyndale House Publishers, 2006. Página 50.

11. The Gnostic Society Library, The Gospel According to Mary Magdalene, http://www. gnosis.org/library/marygosp.htm. Página visitada el 2 de julio de 2005.

12. Lutzer, Erwin, The Da Vinci Deception, Tyndale House Publishers, 2006. Página 22.

13. McDowell, Josh, Evidence that demands a verdict. Página 18.

14. Lutzer, Erwin, The Da Vinci Deception, Tyndale House Publishers, 2006. Página 62.

15. Lutzer, Erwin, The Da Vinci Deception, Tyndale House Publishers, 2006. Página 61.

16. McDowell Josh y Stewart, Don, Respuestas a Preguntas Difíciles. Páginas 22-23.

17. Ginés Rodriguez, Pablo J., La estafa del Código Da Vinci, http://www.mercaba.org/ FICHAS/Persecucion/codigo_da_vinci.htm. Página visitada el 2 de noviembre de 2005.

18. Journal of Biblical Literature LXXXIV [1965], 283-90 "Tammuz and the Bible,", /"La 'resurrection' d'Adonis," in Melanges Isidore Levy, 1955, pp. 207-40. /"Les Fetes 'phrygiennes' de Cybele et d' Attis," Bulletin de l'lnstitut Historique Belge de Rome, XXVII /[The Bible and the Ancient Near East, 1971, p. 236]. / M. J. Vermaseren, Corpus Inscriptionum et Monumentorum Religionis Mithriacae, 1956 / www.leaderu. com.

19. Ginés Rodriguez, Pablo J., La estafa del Código Da Vinci, http://www.mercaba.org/ FICHAS/Persecucion/codigo_da_vinci.htm. Página visitada el 2 de noviembre de 2005.
20. About Bible Prophecy,"The Da Vinci Code" - the hoax behind the code, www. aboutbibleprophecy.com/davinci.htm. Página visitada el 5 de julio de 2005.
21. Ibid.
22. Christmas, 1983 Edition, Oxford University Press, New York, 1983. Página 280.
23. La Biblia de estudio MacArthur, Comentario a pie de página de Éxodo 3:14 y Génesis 2:23.
24. Rose Publishing pamphlet, Answers to the Dan Vinci Code.
25. Jeff, Harshbarger, Baphomet, Jeff's Blog, www.refugeministries.cc. Página visitada el 22 de octubre de 2005.
26. Ibid.
27. Jennifer Emick, Your Guide to alternative religions, www.altreligion.about.com. Página visitada el 24 de octubre de 2005.
28. Grand Lodge of British Columbia and Yukon, The Pentagram, www.freemasonry.bcy.ca/ anti-masonry/pentagram.html. Página visitada el 24 de octubre de 2005.
29. About Bible Prophecy,"The Da Vinci Code" - the hoax behind the code, www. aboutbibleprophecy.com/davinci.htm. Página visitada el 5 de julio de 2005.
30. Jeff, Harshbarger, Baphomet, Jeff's Blog, www.refugeministries.cc. Página visitada el 22 de octubre de 2005.
31. Dan Brown's Biography, http://www.biogs.com/famous/browndan.html.
32. Diccionario de la Lengua Española, Senescal, http://dle.rae.es/?id=XZcrz2m. Página visitada el 18 de marzo de 2005.
33. Banco de la República, La rosa de los vientos, http://www.banrepcultural.org/blaavirtual/ ayudadetareas/geografia/la_rosa_de_los_vientos. Página visitada el 19 de marzo de 2005.
34. Bill Thoen, Origins of the Compass Rose, http://www.gisnet.com/notebook/comprose. php. Página visitada el 19 de marzo de 2005.
35. Ibid.
36. Ibid.
37. Valerina, La flor de lis, http://www.geocities.ws/valerina_scout/scouts/flor.html. Página visitada el 19 de marzo de 2005.
38. Diccionario de la Lengua Española, Heterodoxo, http://dle.rae.es/?id=KGt94IF. Página visitada el 20 de marzo de 2005.
39. Diccionario de la Lengua Española, Pagano, http://dle.rae. es/?id=RRmXoF5|RRo9Qqj|RRp8r7M. Página visitada el 20 de marzo de 2005.
40. Símbolos y Ceremonias, www.educar.org/Educacionfisicaydeportiva/olimpiadas/historia/ simbolosyceremonia.asp. Página visitada el 20 de marzo de 2005.
41. Martin, Walter Rosicrucianism, The Kingdom of the Cults, páginas 507-508. Página visitada el 21 de marzo de 2005.
42. Hieros Gamos, www.en.wikipedia.org/wiki/Hieros_Gamos. Página visitada el 21 de marzo de 2005.
43. Mar Rey Bueno, Gárgolaswww.escalofrio.com/n/Misterios/Las_Gargolas/Las_Gargolas. php. Página visitada el 21 de marzo de 2005.
44. Enciclopedia Católica, El Santo Grial, www.enciclopediacatolica.com/g/grial.htm. Página visitada el 21 de marzo de 2005.
45. United States Air Force, Promotion Fitness Examination (PFE) Study Guide AF Pamphlet 36-2241 Volume 1. Página 40

46. Fichas de estudio, Persecución, http://www.mercaba.org/FICHAS/Persecucion/codigo_da_vinci.htm. Página visitada el 28 de marzo de 2005.
47. Viajeros, Vaticano, www.viajeros.com/article119.html. Página visitada el 28 de marzo de 2005.
48. Putnam, Bill, archeologist, NBC Dateline transcript, Secrets of the Code.
49. Ralls, Karen, Beyond the Da Vinci Code, History Channel DVD, 2005.
50. Enciclopedia Libre Universal en español, Meridiano de Greenwich, www.enciclopedia.us.es. Página visitada el 29 de marzo de 2005.
51. Ibid.
52. Starbird, Margaret, Beyond the Da Vinci Code, History Channel DVD, 2005.
53. SCTJM, Cruz de Jerusalén, www.corazones.org/jesus/cruz/cruz_jerusalen.htm. Página visitada el 29 de marzo de 2005.
54. Ibid.
55. Ibid.
56. Ralls, Karen, Beyond the Da Vinci Code, History Channel DVD, 2005.
57. Mente Abierta, Los Caballeros Tenplarios, www.menteabierta.org/html/articulos/ar_actual_CDVDesmantelando.htm. Página visitada el 29 de marzo de 2005.
58. The Templar Knights, www.namingrace.org. Página visitada el 29 de marzo de 2005.
59. Templar Knights, www.waynecoc.org. Página visitada el 29 de marzo de 2005.
60. Mente Abierta, Los Caballeros Tenplarios, www.menteabierta.org/html/articulos/ar_actual_CDVDesmantelando.htm. Página visitada el 29 de marzo de 2005.
61. Ibid.
62. Penn Arts and Sciences, The Last Supper, http://ccat.sas.upenn.edu/~lbianco/project/history.html. Página visitada el 2 de abril de 2005.
63. The Last Supper, http://www.newagepointofinfinity.com/new_page_10.htm. Página visitada el 2 de abril de 2005.
64. Gorse, Dr. George. History Profesor, Pomona University, Beyond the Da Vinci Code, History Channel DVD, 2005. Página visitada el 2 de abril de 2005.
65. David Nolta, Art Historian, NBC Dateline transcript, Secrets of the Code.
66. Gorse, Dr. George. History Profesor, Pomona University, Beyond the Da Vinci Code, History Channel DVD, 2005.
67. David Nolta, Art Historian, NBC Dateline transcript, Secrets of the Code.
68. Diccionario de la Real Academia de la Lengua, Anagrama, http://dle.rae.es/?id=2VH0u4L. Página visitada el 2 de abril de 2005.
69. Rose Publishing pamphlet, Answers to the Dan Vinci Code.
70. Virgin of the Rocks, www.waynecoc.org. Página visitada el 29 de marzo de 2005.
71. Bock, Darell L., Descubra los Misterios del Código Da Vinci, Thomas Nelson Publisher. Página 169.
72. Putnam, Bill, archeologist, NBC Dateline transcript, Secrets of the Code.
73. Haley, Mike, 101 Preguntas frecuentes sobre la homosexualidad. Casa Creación, 2005. Página 183; Byne William, The Biological Evidence Challenged, Scientific American, May 1994. Páginas 50–55.
74. Haley, Mike, 101 Preguntas frecuentes sobre la homosexualidad. Casa Creación, 2005. Página 184.
75. Whitehead, N. E. Twins, Genetic Study. www.narth.com/docs/whitehead2.html. Página visitada el 10 de abril de 2005.
76. Haley, Mike, 101 Preguntas frecuentes sobre la homosexualidad. Casa Creación, 2005. Página 185.

77. Rose, Steven «War of the Genes», The Guardian: Saturday Review, May 8, 1999. P. 8.
78. Whitehead, Neil and Briar, My Genes Made Me Do It. Lafayette, LA; Huntington House Publishers, 1999. Página 141.
79. Haley, Mike, 101 Preguntas frecuentes sobre la homosexualidad. Casa Creación, 2005. Página 185.
80. Diccionario de la Real Academia de la Lengua, Hermafrodita, http://dle.rae.es/?id=KCw0nUC. Página visitada el 10 de abril de 2005.
81. Hinwood, Bonaventure, The Da Vinci Code Refuted, Article 5, http://www.acts.up.ac.za. Página visitada el 10 de abril de 2005.
82. Mozart Forum, María Magdalena Lipp, www.mozartforum.com/Contemporary%20Pages/M_Haydn_Contemp.htm. Página visitada el 10 de abril de 2005.
83. Bock, Darell L., Descubra los Misterios del Código Da Vinci, Thomas Nelson Publisher. Página 37.
84. Ibid., 39.
85. The Esenes, Celibacy,www.denverseminary.edu/edu/dj/articles2004/0200/0202. Página visitada el 10 de abril de 2005.
86. Lutzer, Erwin, The Da Vinci Deception,Tyndale House Publishers, 2006. Páginas 3–4
87. Ibid., 69–70
88. Ibid., 6
89. Ibid.
90. Ibid., 8
91. Ibid., 10
92. Ibid., 11
93. Concilio de   Nicea, Persecución del Cristianismo, www.tolkienmex.tripod.com.mx/tolkienmex/id27.html. Página visitada el 17 de abril de 2005.
94. Groothuis, Douglas, Confronting the New Age, Wipf and Stock Publishers, Páginas 17–31.

CAPÍTULO 13

1. The Leon Levy Dead Sea Scrolls Digital Library, Discovery and Publication, http://www.deadseascrolls.org.il/learn-about-the-scrolls/discovery-and-publication?locale=en_US. Página visitada el 10 de mayo de 2005.
2. Ibid.
3. McDowell, Josh, Evidence that demands a verdict. Página 95.
4. Ibid.

CONCLUSIÓN

1. Come Reason Ministries, How to Quickly Debunk the Horus-Jesus Myth, http://apologetics-notes.comereason.org/2015/02/how-to-quickly-debunk-horus-jesus-myth.html. Página visitada el 2 de marzo de 2005.

www.ingramcontent.com/pod-product-compliance
Lightning Source LLC
Chambersburg PA
CBHW060207070426
42447CB00035B/2820